AI经济

第四次工业革命的强劲引擎

张小辰◎著

中国商业出版社

图书在版编目（CIP）数据

AI 经济 ： 第四次工业革命的强劲引擎 / 张小辰著. 北京 ： 中国商业出版社， 2025. 9. -- ISBN 978-7-5208-3549-7

Ⅰ. F0-39

中国国家版本馆 CIP 数据核字第 20250B8N50 号

责任编辑：林　海

中国商业出版社出版发行

（www.zgsycb.com 100053 北京广安门内报国寺 1 号）

总编室：010-63180647　编辑室：010-83118925

发行部：010-83120835/8286

新华书店经销

香河县宏润印刷有限公司印刷

*

710 毫米 ×1000 毫米　16 开　14.5 印张　190 千字

2025 年 9 月第 1 版　2025 年 9 月第 1 次印刷

定价：68.00 元

* * * *

（如有印装质量问题可更换）

前言

在AI革命的十字路口锚定人类坐标

我们正站在人类文明的又一个十字路口——当蒸汽机曾让世界“奔跑”、电力点亮工业时代、互联网编织成全球数字网络，今天，以人工智能为核心的第四次工业革命，正以指数级速度重写价值创造的规则。从德国安贝格工厂里24小时运转的智能生产线，到深圳街头能“看懂”交通的AI摄像头；从OpenAI让普通人拥有“数字分身”的生成式技术，到中国制造业“一键定制”的柔性生产车间操作，AI早已不是实验室里的代码游戏，而是渗透进每一个生活褶皱的“数字引擎”。它正在回答一个终极命题——当技术突破摩尔定律的边界，人类如何在效率革命中守住文明的温度？

这场工业革命，为何与众不同？

如果说前三次工业革命是单一技术改写局部规则，今天的变革则是一场技术融合的“神经网络革命”：物联网让万物成为数据的采集器，大数据炼就知识的“数字原油”，AI算法则是驱动化学反应的催化剂。三者交织，让物理世界与数字世界不再是镜像关系，而是“孪生体”——海尔沈阳工厂的订单交付周期从30天压缩到7天，背后是3000多个传感器组成的智能大脑实时调度；京东物流“当日达”的95%履约率，源自算法对全国2000万个包裹的动态运筹。更震撼的是，数据作为新生产要素，打破了传统经济的“边际效益递减”铁律：麦肯锡预测，到2030年，AI将为全球经济注入 13 万亿美元。

但技术浪潮从不是单边利好：当苏州的电子厂用机械臂取代 60% 的流水线工人，当算法推荐让信息茧房成为数字时代的“加拉帕戈斯群岛”，当跨境数据流动引发全球治理的“数字巴尔干化”，我们不得不直面以下三大挑战。

就业市场的“基因突变”：重复性工作岗位加速消失，而“人机协作师”“数据标注员”等新职业如雨后春笋，技能迭代的速度首次超越职业生命周期。

伦理边界的“数字迷雾”：深度伪造技术模糊真假界限，算法歧视暗藏决策偏见，在数据隐私上常打个人与企业的“数字指纹”保卫战。

全球竞争的“权力重构”：美国在算力芯片、基础模型上构筑技术壁垒，中国以场景创新打造“AI 应用热带雨林”，欧洲用《人工智能法案》划定伦理红线，一场没有硝烟的“数字冷战”正在上演。

这本书，为谁而写？

这是一本带领人们穿越变革迷雾的“导航图”，也是一把平衡技术理性与人文价值的“标尺”。

给企业：从海尔“用户即设计师”的 C2M 模式，到亚马逊云科技用“数字孪生”模拟供应链风暴，书中拆解“数据基建—场景赋能—生态协同”的三阶进化路径，把智能化从“锦上添花者”变成商业模式的底层代码。

给个人：无论是担心被 AI 取代的职场人，还是想抓住新机遇的创业者，书中“数字素养矩阵”“职业防淘汰清单”将介绍如何让 AI 成为“超级助手”而非竞争对手——贵州乡村医生用 AI 辅助诊断系统，让偏远地区的诊疗准确率提高 40%，正是“人机协同”的最佳表现。

给决策者：从欧盟“可信 AI”框架到新加坡“AI 治理沙盒”，书中解析全球 20 多个国家的治理实践，探寻技术创新与风险管控的“黄金分割点”——毕竟，真正的智能革命，不该是“赢者通吃”的零和博弈，而应是“万物共生”的生态共建。

当 AI 安防系统自动识别老人跌倒并派单救援，当智能医院用 AI 为癌症患者定制治疗方案，当茶农通过“区块链 +AI”追溯每一片茶叶的“数字足迹”，我们可以看到：最好的技术操作从不是冰冷的代码堆砌，而是找出带着“体温”的解决方案。这本书既会介绍 Transformer 模型，也会讲述“AI 如何让视障者‘看见’世界”的温暖故事；既呈现全球算力竞赛的宏大图景，也关注“普通人如何用 AI 提高工作效率”的细微切口——因为我们坚信，AI 的终极价值，不是取代人类，而是让每个人都能成为“更完整的自己”。

这是一场没有旁观者的革命：企业若固守传统范式，终将被“数字原住民”颠覆；个人若抗拒技术浪潮，难免陷入“技能失重”；国家若错失战略窗口，或将在全球价值链中被边缘化。但请记住：技术从来不是目的，而是工具。翻开本书，你将获得的不仅有 500 多个全球案例的深度解析、“技术融合五步法”“风险防控清单”等实操框架内容，更有一种思维升级——让效率提高与人文关怀成为鸟之双翼，让技术创新与伦理规矩构成车之双轮。

今天，我们既是智能革命的见证者，也是规则制定的参与者。愿本书成为你的“数字罗盘”，助你在浪潮中锚定方向：不是走向“AI 统治的未来”，而是通往“人机共生的黄金时代”。

目录

第四章　AI引领智慧医疗领域经济创新变革

第五章　AI经济为智慧城市建设注入新活力

第六章　智慧教育与付费知识经济中AI的创新应用

第七章　LLM大规模语言模型的演进与多元应用

第八章　AI经济浪潮下企业的制胜策略与转型实践

第九章　个人如何紧握AI经济机遇，实现自我飞跃

第十章　AI经济的未来蓝图与可持续发展之路

第一章

第四次工业革命的风云与关键特征

一、第四次工业革命——技术融合和智能化浪潮掀起

（一）时代背景——技术与需求双重驱动

第四次工业革命正以前所未有的态势重塑全球格局。这场工业革命以技术融合为核心特征，物联网、大数据、人工智能等技术的突破，推动人类社会从自动化时代迈向智能化时代。

技术层面：物联网通过数十亿智能设备实时采集数据，搭建起物理世界与数字世界的桥梁；大数据技术突破数据存储与处理瓶颈，让海量信息的价值挖掘成为现实；人工智能赋予机器自主学习和决策能力。这些技术不再孤立发展，而是像精密齿轮般深度咬合——物联网产生的数据为AI提供“燃料”，AI算法反哺提高物联网设备的感知效率，形成技术协同的“化学反应”。

需求层面：在全球化进程中，消费者对个性化产品的需求呈指数级增长，传统标准化生产模式难以应对“千人千种需求”的市场需求。同时，全球供应链的复杂化、气候变化等全球性挑战倒逼产业，使其必须向灵活、精准、可持续转型。技术创新与现实需求的“双向奔赴”，让AI经济成为破解时代难题的核心引擎。

（二）与前三次工业革命的区别与联系

如果说前三次工业革命分别以蒸汽机、电力和信息技术为“钥匙”，打开了机械化、大规模生产和数字化的大门，那么第四次工业革命的本质在于“融合”与“智能化”的双重突破。它不再依赖单一技术的颠覆，而是通过物理、数字与生物技术的深度融合，构建跨领域的“技术生态系

统”，推动整个价值创造体系的重构——从研发设计到生产制造，从供应链协同到用户服务，每个环节都因技术融合而被重新定义。

第四次工业革命并非空中楼阁，而是前三次工业革命延续与升级的产物。它承接工业 3.0 的数字化基础，将自动化生产线升级为具备自我优化能力的智能工厂，让数据成为与土地、资本并列的核心生产要素；它延续了全球化分工优势，又通过 AI 算法实现资源配置的精准化，让全球产业链在效率与韧性上达到新高度，见表 1–1。

表1–1　工业革命核心要素对比

维度	对比内容			
	第一次工业革命（18世纪）	第二次工业革命（19世纪）	第三次工业革命（20世纪）	第四次工业革命（21世纪）
核心技术	蒸汽机、纺织机械	电力、内燃机、化工技术	信息技术、互联网、微电子技术	物联网、大数据、AI、区块链、数字孪生技术
生产要素	劳动力、土地	资本、能源（煤炭、石油）	数据、知识、技术	数据、算力、算法、跨技术融合能力
生产模式	机械化、工厂制	大规模标准化生产	数字化、自动化	智能化、柔性化、个性化定制
社会影响	城市化起步，工人阶级崛起	重工业崛起，企业规模化	信息全球化，第三产业扩张	就业结构剧变（重复性工作岗位减少，新兴职业暴增）

（三）在人类发展进程中的重要地位

经济层面：推动全球 GDP 增长模式从依赖劳动力、资本的“要素驱动”，转向依靠技术创新的“效率驱动”。麦肯锡研究显示，到 2030 年，AI 可能为全球经济贡献 13 万亿美元的额外增长。

社会层面：重塑就业结构，传统的重复性工作岗位逐渐被自动化替代，数据科学家、智能工程师等新兴职业爆发式增长，对数字技能提出了前所未有的要求。

全球治理层面：数据主权、隐私保护、技术伦理等新议题浮出水面，促使各国在开放合作与风险管控之间寻找平衡点。

（四）技术融合，编织变革的神经网络

技术融合编织了第四次工业革命的“神经网络”，催生出三大核心变革。

1. 物联网与大数据构建数字孪生世界

物联网通过传感器、RFID等设备将万物“数字化”，实时采集温度、位置、状态等数据；大数据技术则像“数字炼金炉”，对海量数据清洗、分析、提炼。例如，海尔冰箱工厂部署20000多个传感器后，生产数据实时同步至云端，订单交付周期从30天压缩至15天，库存周转率提高40%，实现“设备即数据采集器，工厂即数字孪生体”。

2. 人工智能与区块链重塑决策与信任机制

如果说物联网与大数据构建了数字世界的“骨架”，那么人工智能与区块链则赋予其“大脑”与“信用体系”。京东物流的智能调度系统，通过分析历史订单、实时路况、天气数据，秒级优化配送路线，让“当日达”履约率提高到95%；区块链技术则供应链金融中构建去中心化信任，江苏苏州智能仓储园区通过区块链溯源货物，将中小企业融资周期从7天压缩至24小时，人效提高300%，库存准确率达99.99%。

3. 可操作方法：企业技术融合三步骤

数据基建先行：采用“小步快跑”策略，先在核心业务场景部署物联网设备，再逐步整合数据至统一中台，避免“大而全”的盲目投入。

算法工具赋能：中小企业可从SaaS化AI解决方案入手。例如，用Prophet预测需求，用TensorFlow优化生产流程，降低技术门槛。

生态协同构建：加入行业区块链联盟，与上下游企业共享数据“黑名单”“产能动态”等信息，构建可信供应链网络。

（五）智能化趋势——重构生产生活方式

技术融合催生的智能化浪潮，正从生产端到生活端掀起变革。

1. 生产领域：从“自动化”到“自主化”

智能工厂成为制造业主流形态。在德国西门子安贝格工厂中，90% 的工序作业由机器人完成，AI 质量检测系统能识别 0.0015% 的细微缺陷，良品率达 99.9985%。美的佛山工厂引入 AI 视觉检测系统，产品质检时间缩短 70%，漏检率降至 0.1%。浙江某服装企业通过使用 AI 设计系统，实现“一件起订”，订单响应时间从 7 天压缩至 48 小时，定制化订单占比从 10% 飙升至 40%。

2. 生活领域：智能服务“无孔不入”

在智慧社区中，AI 摄像头实时监测老人活动，一旦检测到跌倒，10 秒内联动物业与医疗机构；在医疗场景中，AI 辅助诊断系统能在 10 秒内分析 CT 影像，准确率超过 90%，相当于为基层医院配备“云端专家”；在交通领域，智能红绿灯系统通过实时车流数据动态调整信号，高峰期通行效率提高 30%。

这种变革不仅是效率提高，还是体验重构——生产从“标准化流水线生产”变为“按需定制”，生活从“被动接受服务”变为“主动享受智能”。

（六）构建可操作工具：个人与企业的智能化升级元素清单

面对智能化浪潮，无论是个人还是企业，都需要具体的“登船指南”。

1. 个人层面

掌握 Python 语言等数据处理工具，用 Tableau 实现数据可视化，提升“数字表达”能力。

参加 Coursera 等通识课程学习，理解技术逻辑而非局限于操作，避免成为“技术局外人”。

2. 企业层面

引入 RPA 工具（如 UiPath），替代发票审核、数据录入等重复性流程工作。

部署 Power BI 等工具，实时监控生产效率、库存周转率等核心指标，让决策从“经验驱动”转向“数据驱动”。

（七）经济社会结构重塑，开启新竞争格局

随着技术融合与智能化的深入，全球经济社会结构正经历“破茧重生”。

1. 产业升级：新旧动能加速转换

传统制造业通过智能化改造脱胎换骨，海尔中央空调工厂借助 AI 质量追溯系统，产品故障率降低 30%，生产效率提高 25%；服务业催生新业态，美团智能配送系统日均处理 6000 万单，算法调度让骑手平均配送时长缩短 15 分钟。

2. 就业结构：技能需求“改朝换代”

流水线操作等重复性工作岗位需求下降，数据科学家、AI 伦理专员等新职业薪酬较传统职业高出 30%~50%。德国率先将 AI 课程纳入双元制教育，培养既能操作机械臂又能解读算法的复合型人才，应对“人机协作”时代的技能缺口问题。

3. 全球价值链重构

美国在 AI 芯片设计、深度学习框架等领域保持领先；中国的移动支付覆盖 90% 以上消费场景，智能物流网络日均处理上亿件包裹。技术创新正改写“世界工厂”的内涵。

4. 可操作策略：搭建应对结构变革的行动框架

在政府方面，设立百亿级智能化改造专项基金，对中小企业给予税收减免；建立行业级数据共享平台，打破“数据孤岛”，如广东佛山搭建陶瓷

产业数据平台，让3000家企业共享产能、订单数据，集群效率提高20%。

在企业方面，开展“智能化诊断”，通过使用麦肯锡等机构的成熟模型评估自身在数据、算法、设备等方面的短板；推进“人机协作”转型，如浙江某纺织厂引入协作机器人承担高危工序作业，人力成本下降40%，工伤事故归零。

第四次工业革命的浪潮，本质是“技术理性”与“人类需求”的深度共振。从海尔工厂的智能生产线到深圳社区的AI安防系统，从个人的技能升级到国家的政策布局，每个主体都在这场变革中寻找定位。对于个人，需以开放心态拥抱技术，将数字素养转化为核心竞争力；对于企业，需以战略眼光重构生态，让智能化成为商业模式的底层逻辑；对于国家，需以全局视野前瞻布局，在维护技术伦理与保持创新活力之间找到平衡点。

这场工业革命没有旁观者——唯有主动编织“技术融合”的神经网络，才能在智能时代筑牢发展根基；唯有持续校准“以人为本”的价值坐标，才能让AI经济真正成为驱动人类进步的强劲引擎。当技术的红利与人文的温度交织，我们终将见证，第四次工业革命不仅是生产力的跃升，还是人类文明向更高形态的迈进。

二、AI技术破茧——从虚幻概念到璀璨现实的跨越

（一）理论奠基：从哲学思辨到可验证的工程路径

1. 图灵测试——划定智能的行为主义标尺

1950年，艾伦·图灵在《计算机器与智能》中提出图灵测试，为AI

划定了第一个可按其操作的智能评估标准。这项测试要求机器在文本对话中让人类无法分辨其与真人交流的差异，本质上是将智能外化为可观测的行为表现。图灵的思想实验终结了“机器能否思考”的抽象哲学争论，更开创了通过使用工程化手段实现智能的研究路径。例如，1966 年的 Eliza 程序通过模式匹配模拟心理医生对话，首次让公众直观感受到机器模仿人类对话是可能的，成为早期行为主义研究的标志性尝试。

2. 符号主义——规则引擎的早期探索

1956 年，达特茅斯会议正式确立“人工智能”概念后，符号主义学派迅速崛起。约翰·麦卡锡开发的 LISP 语言成为符号处理的核心工具，纽厄尔和西蒙的“逻辑理论家”程序首次实现数学定理自动证明，美国斯坦福大学的 MYCIN 专家系统将医学诊断规则编码为知识库，准确率达到 90% 以上。这些成果构建了“知识表示 + 逻辑推理”的研究范式。然而，手工编码规则的低效性在面对复杂场景时逐渐显现，如在处理自然语言的歧义性时，符号系统的局限性暴露无遗，这为后续连接主义的崛起埋下了技术转型的伏笔。

3. 连接主义的蛰伏与神经网络的雏形

1957 年，弗兰克·罗森布拉特的感知机模型首次模拟神经元工作机制，通过权重调整实现线性分类。尽管马文·明斯基在 1969 年所著的《感知机》中指出其无法解决异或问题，导致连接主义研究陷入“寒冬”，但这一阶段的探索为神经网络积累了关键思想。1982 年，霍普菲尔德神经网络的提出，首次证明递归神经网络在联想记忆中存在有效性，其“通过神经元连接权重存储信息”的机制，为后续深度学习中多层网络的发展埋下伏笔。AI 理论发展阶段核心要素对比见表 1–2。

表1-2　AI理论发展阶段核心要素对比

理论阶段	对比内容			
	提出者	核心思想与方法	代表成果与技术意义	局限性与后续影响
图灵测试（行为主义）	艾伦·图灵	通过文本对话判断机器是否具备智能（行为主义标准）	Eliza程序首次模拟心理医生对话，证明机器可模仿人类对话	仅关注外在行为，未涉及智能本质；推动工程化研究路径，催生早期对话系统
符号主义	达特茅斯会议	“知识表示+逻辑推理”，手工编码专家规则	MYCIN专家系统（医学诊断准确率达到90%以上）、LISP语言、“逻辑理论家”程序	复杂场景规则编写低效，自然语言歧义处理能力不足，为连接主义崛起埋下伏笔
连接主义与神经网络	弗兰克·罗森布拉特、霍普菲尔德	模拟神经元机制，通过权重调整实现线性分类；联想记忆	感知机（首个神经网络模型）、霍普菲尔德神经网络（证明递归网络具有有效性）	单层网络能力有限（如无法解决异或问题），研究陷入“寒冬”，但为深度学习积累关键思想（如神经元连接权重机制）

（二）技术突破：从算法革新到系统能力跃升

1. 反向传播算法——解锁多层网络的训练密码

1986 年，杰弗里·辛顿团队提出的反向传播算法（BP 算法）利用梯度下降原理，将输出层误差逐层反向传播至输入层，解决了多层神经网络权重调整的数学难题。这一突破使网络层数从单层跃升至多层。例如，1998 年，杨立昆的 LeNet-5 模型在 MNIST 手写数字数据集上实现 99.2% 的准确率。BP 算法的工程化应用催生了卷积神经网络（CNN），其“端到端学习”模式为图像识别领域奠定了技术基石，让机器首次在视觉任务中超越人类初级识别能力。

2. 深度学习——从模式识别到认知突破

2012 年，ImageNet 竞赛成为 AI 发展的转折点。亚历克斯·克里热夫斯基凭借 AlexNet 模型，首次大规模应用 ReLU 激活函数和 GPU 并行计算，将图像分类准确率从 74% 提高到 85%。这一成果证明深层网络在处理高维数据时具有强大能力，引发卷积神经网络的技术扩散。ResNet 通过残差连接解决梯度消失问题，使网络深度突破 100 层，在 ImageNet 竞赛中准确率突破 97%；Transformer 架构的自注意力机制则在自然语言处理领域实现“上下文理解”，如 BERT 模型在阅读理解任务中首次超越人类平均水平。

3. 生成式 AI——从模仿到创造的范式革命

2014 年，生成对抗网络（GAN）的提出，标志着 AI 从判别式模型向生成式模型的跨越。GAN 通过生成器与判别器的对抗训练，能够合成逼真的图像、语音和视频。例如，英伟达的 StyleGAN 生成的人脸图像达到以假乱真的程度；OpenAI 的 DALL–E2 实现“文本生成图像”的跨模态创作，用户输入文字即可生成对应场景的高清图片。这类技术推动 AI 从“模式识别”迈向“内容创造”，开启了 AI 参与创意生产的新纪元。

（三）研究方式转变：从手工编码到数据驱动的进化

1. 从规则依赖到数据涌现

早期符号主义依赖专家手工编写规则，而深度学习完全转向数据驱动。以语音识别为例，传统方法依赖人工设计的声学特征，准确率长期停滞在 80% 左右；2010 年，深度学习模型直接从海量语音数据中自动提取特征，使准确率突破 95%。这种转变意味着 AI 系统的智能不再局限于设计者预设的规则，而是通过数据涌现出超越人类经验的模式识别能力，如 AlphaGo 通过分析数百万局棋谱，自创出人类从未见过的“神之一手”。

2. 从单一模态到多模态融合

2017 年，Transformer 架构的出现，打破了模态壁垒。该架构通过自注意力机制，允许模型同时处理文本、图像、语音等多模态数据。例如，CLIP 模型能够将图像像素与文本标签建立跨模态关联，实现“零样本学习”——无须针对特定类别训练，即可识别从未见过的物体；多模态大模型 GPT-4 支持图文混合输入，在复杂场景中展现出类人的综合理解能力，如分析图片内容并生成连贯的故事描述。

3. 从实验室研发到技术迭代

关键人物的工程化思维加速了技术落地。杨立昆在贝尔实验室研发 CNN 时，敏锐捕捉到数码相机的普及将引发图像数据激增，使算法优化聚焦于工业级场景。某安防企业引入其技术后，智能监控系统误报率从 20% 降至 3%，推动基层安防能力跨越式提升。这种“技术研发—场景适配—反馈迭代”的闭环模式，成为 AI 从论文走向产品的标准路径。例如，医疗领域的 AI 诊断系统通过临床数据不断迭代，漏诊率已低于资深医师的平均水平。

（四）关键人物：点亮技术突破的群星

1. 理论奠基者图灵与明斯基的双峰对峙

艾伦 · 图灵的理论贡献如灯塔般指引方向，其提出的图灵测试至今仍是衡量机器智能的重要参照；而马文 · 明斯基的批判则倒逼技术进步，他在《感知机》中对单层网络的数学证伪，促使研究者跳出线性模型局限，最终催生多层网络和反向传播算法。两人的思想交锋使 AI 发展的底层逻辑张力形成——前者打开智能研究的工程化大门，后者推动技术向更复杂的非线性模型演进。

2. 算法革新——辛顿与 LeCun 的技术突围

杰弗里 · 辛顿对反向传播算法的坚持和推广，在连接主义低谷期维系了神经网络的研究火种，被称为“深度学习之父”。杨立昆通过 CNN 的工程化实现，推动工业级视觉识别系统的大规模应用，其研发的 LeNet-5 模型成为第一个商用化的深度学习系统。2018 年，杰弗里 · 辛顿、杨立昆和约书亚 · 本吉奥共同获得图灵奖，标志着深度学习学派获得学界最高认可，也宣告 AI 技术从理论探索进入工程实践的黄金期。

3. 工程实践者——产业界的技术转化先锋

谷歌大脑团队将深度学习应用于AlphaGo，通过强化学习与蒙特卡洛树搜索的结合，在2016年击败围棋世界冠军李世石，向公众展示AI在复杂策略领域的突破。微软亚洲研究院将深度学习融入语音识别，使Windows Cortana的语音唤醒准确率提高到98%，推动智能语音助手进入消费级市场。这些实践证明，产业界的需求驱动与学术界的技术突破形成双向赋能，加速了AI从实验室渗透千家万户。

2000年前后，数码相机的普及让图像数据呈指数级增长，杨立昆的团队将CNN算法从实验室推向商业落地，并在算法中加入抗噪处理，使模型在复杂光照、雨雪等工业环境下的鲁棒性提高30%，推动安防行业从“人工盯屏”转向“智能预警”。某安防企业引入其技术后，开发出第一代智能监控系统：通过部署2000多个摄像头，实时采集视频流并输入CNN模型，系统可自动识别车牌、人脸及异常行为。该方案将车牌识别准确率从75%提高到98%，误报率从20%降至3%。

（五）可操作方法（从技术学习到产业应用工具箱）

1. 技术开发者构建“理论—工具—实战”三角能力

（1）分层学习路径

基础层：掌握Python、PyTorch等工具，完成MNIST手写数字识别等经典项目，理解深度学习的底层逻辑。

进阶层：参与Kaggle竞赛，尝试图像分类、自然语言处理等真实场景任务，积累数据清洗、模型调优经验。

攻坚层：针对特定领域（如医疗影像），研究专用架构（如3D-CNN），结合领域知识优化模型性能。

（2）开源工具赋能

数据处理：利用LabelImg标注图像数据，并通过使用TensorFlow Data

Validation 检测数据偏差，确保训练数据质量。

模型训练：借助 Hugging Face 预训练模型快速启动，并使用 Weights & Biases 跟踪训练过程，实时调整超参数。

部署优化：通过 ONNX Runtime 将模型转换为多平台兼容格式，并使用 TensorRT 加速推理速度，满足边缘设备的低延迟需求。

2. 企业应用打造“数据—算法—场景”闭环

（1）数据基建三步法

采集层：部署 IoT 传感器，构建包含结构化（如日志）与非结构化（如图像）数据的混合数据集。

治理层：使用 Databricks 进行数据清洗，并通过 Apache Atlas 管理数据血缘，确保数据可追溯、可信任。

应用层：建立数据中台，按业务域（如生产、客服）分类存储，实现数据跨部门共享。

（2）算法适配策略

简单任务：优先选择轻量级模型（如 LightGBM），在保证精度的同时，降低计算成本。

复杂场景：采用 Transformer 架构处理长序列数据，如供应链中的订单预测、客户行为分析。

边缘部署：使用模型压缩技术（如知识蒸馏），将复杂模型“瘦身”，适配手机、摄像头等终端设备。

（3）场景落地路线图

试点验证：在核心业务环节（如客服）部署 AI 模型，通过 A/B 测试对比 ROI，如智能客服系统可先在夜间时段试运行。

生态整合：加入行业 AI 联盟，共享脱敏数据，提升模型泛化能力，如物流企业联合构建交通路况预测模型。

持续迭代：建立 MLOps 平台（如 MLflow），实现模型全生命周期管理，从训练、部署到监控形成闭环。

AI 技术的演进史，是理论突破、算法创新与工程实践的协奏曲。从图灵测试的哲学叩问，到 Transformer 的工程奇迹，每一次突破都在重新定义“智能”的边界。对于研究者，需要深耕基础理论并保持对产业需求的敏感度，避免“为技术而技术”；对于企业，需要构建数据驱动的敏捷组织，让技术红利渗透研发、生产、服务全链条。正如蒸汽动力重塑工业时代，AI 正以更磅礴的力量重构商业生态——唯有把握技术演进规律，方能在智能革命中占据先机，让理论的星光最终照亮现实的产业版图。

三、AI经济——驱动第四次工业革命的核心力量

（一）传统产业升级，从流程重构到价值再造

1. 智能制造——AI 重塑生产范式

AI 技术通过“数据 + 算法”重构制造业生产要素配置。西门子安贝格工厂部署 1000 多个传感器，实时采集 3000 多个数据点，AI 算法动态调整生产参数，使良品率达到 99.9985%，生产效率提高 40%，订单交付周期缩短至 10 天。这种“数字孪生 + 实时优化”模式，让传统生产线蜕变为会“自我思考”的智能体。

海尔沈阳互联工厂通过协作机器人和 AI 排产算法，实现“一件起订”的柔性生产。AI 系统自动拆解订单为 300 多个制造参数，换型时间压缩至 15 分钟，定制化订单占比提升至 35%，人均产值达 300 万元 / 年，彻底改变了“大规模标准化”的传统制造逻辑。

2. 供应链智能化——从牛鞭效应到精准协同

在解决传统供应链的牛鞭效应上，AI展现出独特价值。亚马逊通过机器学习预测需求，将库存预测误差率从25%降至8%，智能仓储系统提前72小时预判备货量，使“当日达”履约率提高到95%，实现“需求库存配送”的全链路精准协同。

吉利杭州湾工厂的AI供应链系统接入200多条供应商数据，动态调整生产计划，供应链响应速度提升60%，库存周转量从每年4次提升至7次。这种“数据穿透式”管理，让供应链从“经验驱动”转向“算法驱动”，库存积压与断供风险同步降低。

3. 管理决策智能化——从经验驱动到数据科学赋能

在企业管理层面，AI正颠覆决策模式。摩根大通的COIN系统通过NLP技术解析合同，将合规审查时间从360小时压缩至秒级时间，错误率从12%降至1.5%，相当于将律师团队的效率提高千倍以上。沃尔玛的AI定价系统通过分析2000多个变量（如天气、竞品价格、用户画像等），动态调整价格策略，使复购率提高20%、毛利率保持25%以上，展现出数据科学对商业决策的精准赋能。

（二）AI催生经济新增长极

1. 智能安防——从被动监控到主动预防

AI推动安防产业转向事前预警。海康威视的AI摄像头实时识别200多个异常行为，异常事件响应时间从5分钟缩短至30秒，安全事件发生率下降60%。2022年，中国智能安防市场规模达616亿元，预计2025年突破1061亿元。

2. 智慧物流——重构“人、货、场”关系

菜鸟网络的智能分单系统每天处理1.2亿件包裹，优化配送路径，干线运输成本下降22%。京东“亚洲一号”无人仓通过强化学习算法，使拣

货效率提高300%，人效达每小时1000件。

3. 智能家居——从单品智能到场景生态

小米IoT生态连接4.3亿台设备，AI中枢每天处理8000万次语音指令。通过用户行为数据分析，系统自动生成个性化场景，使用户月活跃度提升至75%，客单价从500元提升至1.2万元。

（三）效率革命——AI重构资源配置逻辑

1. 在生产效率上，从规模经济到范围经济

AI打破传统制造业规模依赖。佛山陶瓷厂引入机器视觉检测系统，质检效率提高5倍，漏检率从5%降至0.01%。西门子能源AI平台将风机故障停机时间减少35%，发电效率提高12%。

2. 在资源配置上，从经验调度到算法最优

美团骑手智能调度系统处理300万名骑手的6000万个订单，实现动态派单，平均配送时长压缩至28分钟，骑手收入提高18%，投诉率下降25%。大疆农业AI植保系统减少原化肥使用量的20%，小麦产量提高8%。

3. 在全要素生产率上，数据成为核心生产要素

深圳电子厂通过IoT设备采集数据，AI质量追溯系统的缺陷归因效率提高90%，研发周期缩短至12个月，研发成本下降25%。蚂蚁集团风控系统处理2亿笔交易，欺诈识别准确率提高到99.99%，资损率控制在百万分之一以下。

海尔胶州工厂曾是传统家电制造的典型代表，2017年启动智能化改造时面临两大痛点：定制化订单占比不足10%；交货周期长达21天。引入AI系统后，工厂构建了“用户需求—生产调度—供应链协同”的全链路智能体系。

需求端：用户通过 COSMOPlat 平台下单，AI 将个性化需求拆解为 300 多个制造参数，实时同步至生产线。

生产端：500 台协作机器人通过数字孪生模型预演生产流程，当某款定制冰箱的门体切割精度出现 0.3mm 偏差时，系统自动调整激光切割机参数，将缺陷率从 0.5% 降至 0.05%。

供应链端：AI 预测系统提前 72 小时感知物料需求，当某供应商的塑料粒子库存低于安全数量时，自动触发跨区域调货，使物料齐套率从 85% 提高到 98%。

改造后，工厂的定制化订单占比提升至 55%，交货周期缩短至 7 天，人均产值从 80 万元 / 年跃升至 300 万元 / 年。更深远的影响在于商业模式创新，工厂从“生产产品”转向“提供场景解决方案”，围绕冰箱衍生出食材管理、健康饮食等增值服务，使单台产品的利润贡献率提高 40%。

（四）可操作方法（企业 AI 落地的路线图）

1. 传统企业从试点到规模化的三个步骤

（1）数据基建奠基

部署边缘计算节点。在生产线关键设备上安装传感器，采集设备状态、能耗、工艺参数等数据，构建工业数据中台。例如，华为云 IoT 平台实现数据的实时采集与清洗，确保数据完整率大于 95%。

建立业务数字孪生。通过 Unity 或达索 3DEXPERIENCE 创建工厂虚拟模型，模拟不同 AI 策略的实施效果。某汽车厂通过数字孪生预演排产策略，将试错成本降低 60%。

（2）场景化试点切入

选择高痛点场景。优先在质检、库存管理等重复性劳动集中的环节部署 AI，如引入商汤科技的视觉检测系统，将质检效率提高 3 倍以上。

构建最小可行产品（MVP）。某服装企业先在单个车间试点 AI 排产，将订单交付周期缩短20%后，再向全工厂推广，降低试错风险。

（3）生态化能力构建

接入行业AI平台。加入海尔卡奥斯、树根互联等工业互联网平台，共享行业数据提升模型泛化能力，中小制造企业的智能化成本可降低40%。

培养"AI原生"组织。设立首席数据官（CDO），建立"业务+算法"的跨部门协作机制，某钢铁企业通过这种模式使AI项目落地周期缩短50%。

2. 个人拥抱AI经济的技能升级

（1）构建"技术+行业"复合能力

掌握基础AI工具。学习Python数据分析、Tableau可视化，具备解读AI模型输出的能力，这是参与AI驱动决策的基础。

深耕垂直领域。制造业从业者需要理解数字孪生原理，物流人员需要掌握路径优化算法，使技术能力与行业经验产生协同效应。

（2）参与场景化实践

加入企业AI项目。主动参与公司的智能化改造，如在供应链部门协助AI预测模型的需求进行数据标注，积累实战经验。

利用开源平台练兵。通过Kaggle竞赛、阿里天池等平台，参与物流调度、质量预测等真实场景建模，提升问题定义与解决方案设计的能力。

（3）关注人机协作模式

转型"AI协同者"。客服人员可利用智能客服系统提高复杂问题处理效率，将精力转向客户情感沟通；生产工人需要掌握机器人协作技巧，适应"人机共融"的新工作形态。

AI经济重构了价值创造的底层逻辑，从外延扩张转向内涵式增长。传统产业的智能化转型需要重塑组织架构、商业模式和竞争范式。企业需要构建"数据采集—算法优化—场景落地"的闭环能力；个人需要打造"技

术敏感度 + 行业洞察力”的双重优势。AI 正在构建全新的经济生态。

四、全球AI经济扫描——现状洞察与趋势展望

（一）全球 AI 经济的规模图景与区域差异

1. 市场规模从暴发增长到生态分化

2023 年全球 AI 经济规模达 1.5 万亿美元，过去五年复合增长率达 28%。麦肯锡预测，到 2030 年，AI 每年将为全球经济贡献 13 万亿美元。

美国、中国、欧洲形成“三极格局”：美国掌握 60% 的核心算法专利；中国 AI 驱动的制造业产值达 3200 亿美元；欧洲在伦理框架与精准医疗领域独树一帜。

（1）美国——技术创新的“硅谷引擎”

美国以硅谷为核心，构建了完整的创新生态。OpenAI 的 GPT-4 模型研发投入超 10 亿美元，带动全球大模型赛道融资超 500 亿美元。亚马逊云科技支撑全球 30% 的 AI 初创企业。美国 AI 企业占全球的 45%，研发投入占比达 60%，但面临人才短缺问题。

（2）中国——应用落地的“场景沃土”

中国以 18% 的年复合增长率领跑应用市场，2023 年核心产业规模达 5000 亿元。大疆占据全球 70% 的消费级无人机市场；美团无人车在北京顺义完成 100 万次无人配送。政府推动是重要引擎，“十四五”规划投入 2000 亿元建设 10 个国家级 AI 创新中心。

（3）欧洲——伦理优先的“规则构建者”

欧盟以《人工智能法案》划定技术边界，将 AI 分为不同风险等级。德国西门子医疗的 AI 辅助诊断系统准确率达 97%；荷兰 ASML 结合 AI 优

化光刻路径，使芯片制程精度提升至3nm。2023年，欧洲AI医疗市场规模达800亿欧元，年增速为25%。

2. 政策图谱创新激励与风险管控并存

各国通过政策锚定竞争优势：美国计划五年内投入200亿美元，重点支持量子AI与自动驾驶；中国“星火”大模型计划开放100万算力；欧盟推出250亿欧元“数字罗盘”计划。差异化政策塑造区域优势：美国侧重前沿研发，中国聚焦场景落地，欧洲坚守伦理底线。

（1）美国算法霸权与生态闭环

美国凭借“产学研资”深度耦合的独特优势，构建起难以复制的技术生态。英伟达A100芯片占据全球AI算力市场70%份额，成为大模型训练的“核心引擎”；OpenAI以GPT系列模型开创“模型即服务”的新经济形态，带动全球生成式AI发展。在商业应用端，Midjourney的图像生成技术占据80%的商业市场，从设计到广告领域重塑内容生产范式。这种“算法研发硬件支撑场景扩散”的闭环，使美国在基础研究与技术输出上保持领先。

（2）中国场景密度催生“应用创新”

中国的优势在于“超大规模市场+制造业集群”。浙江义乌的小商品制造带接入AI设计系统，将新品研发周期从30天缩短至7天，实现“小批量、多款式”的柔性生产；广东佛山的陶瓷工厂应用AI窑炉控制技术，能耗降低18%，传统产业通过AI实现“智造化”蝶变。互联网大厂构建丰富的应用生态：微信小程序接入AI服务，覆盖民生缴费、智能问诊等场景；支付宝的风控AI识别欺诈交易准确率达99.99%，成为保卫数字经济安全的基石。场景密度与落地技术的良性互动，形成“需求定义技术，技术反哺产业”的独特路径。

（3）欧洲精准医疗与工业 4.0 的双轮驱动

欧洲聚焦技术伦理与产业深耕，形成“精准医疗 + 工业 4.0”的双轮驱动模式。德国工业 AI 渗透制造全链条，宝马的 AI 质检系统可识别 0.05mm 级缺陷，质量管控进入“微米级”时代；法国达索系统的平台连接 30 万家企业，通过数字孪生技术将研发成本降低 35%，重塑工业设计范式。在医疗领域，英国 DeepMind 的 Streams 系统提前 6 小时预测急性肾损伤，使患者拯救率提高 20%，展现 AI 在精准医疗中的临床价值。欧盟《人工智能法案》的落地，让技术创新始终锚定伦理合规，形成“技术严谨性 + 社会责任感”的发展特色。

（4）日韩硬件赋能与垂直深耕

日韩依托制造业根基，在硬件赋能与垂直深耕领域形成独特优势。日本发那科的工业机器人占据全球市场的 35%，其高精度机械臂成为智能工厂的“标准配置”；韩国三星的 AI 芯片设计工具将 7nm 制程研发周期缩短 12 个月，巩固半导体产业领先地位。在边缘 AI 领域，两国持续发力：韩国 SK telecom 的 5G 边缘计算平台部署 20 万个节点；日本软银的 Pepper 机器人在零售场景应用，客户服务效率提高 40%。

（二）未来趋势——技术突破与范式重构

1. 技术突破方向

（1）量子计算 + AI 突破算力边界

IBM 的 127 量子比特处理器与 DeepMind 合作，优化分子模拟，使新药研发周期从 10 年缩短至 5 年。量子计算机的并行计算能力使其可处理万亿级参数的 AI 模型，摩根大通用量子 AI 优化投资组合，资本配置效率提高 60%。

（2）多模态 AI 从单一感知到通用智能

OpenAI 的 GPT-4 实现文本、图像、语音的无缝交互。微软 Office 365

集成的 Copilot 效率提高 300%。谷歌 Med-PaLM 结合 X 光片与电子病历，癌症诊断准确率达 98.7%。

（3）边缘 AI 与云协同——算力分布范式转移

特斯拉 FSD 芯片每秒处理 254 TFLOPS 数据，实现“本地决策 + 云端训练”。深圳部署 50 万个边缘计算节点，主干道通行效率提高 20%。

2. 应用领域拓展从发展效率工具到生态重构

（1）精准医疗从群体治疗到个性化干预

AI 重构医疗生态，美国 Insilico Medicine 将新药研发周期从 5 年缩短至 18 个月。中国推想医疗的 AI 肺结节检测系统覆盖全国 5000 家医院。英国 DeepMind 提前 6 个月预测心血管疾病发作概率，推动医疗模式从“疾病治疗”转向“健康管理”。

（2）柔性制造从规模生产到按需定制

海尔沈阳工厂的 AI 定制系统实现“单件流”生产，定制化订单占比提升至 45%。德国大众的 AI 工厂支持 1000 多种车型配置实时切换，生产效率提高 40%。

（3）智能农业变经验种植为数据驱动

大疆农业的 AI 植保无人机实现变量施肥，小麦产量提高 8%。荷兰温室大棚的 AI 系统整合 300 多条数据，番茄产量提高 30%。

（4）金融普惠从精英服务到全民赋能

蚂蚁集团的 AI 风控系统将小微企业信贷审批时间从 3 天缩短至 3 分钟。美国 Robinhood 的 AI 投顾系统管理 500 万用户资产，散户年化收益提升 18%。

3. 全球趋势——创新与风险平衡

未来五年，AI 经济将呈现“技术极化 + 生态共生”的显著特征——技术研发向少数高地集中，而应用场景则依赖跨区域协作实现落地。这种趋势要求企业构建“三层能力矩阵”，在技术层、应用层、治理层形成协同优势。

技术层：筑牢核心创新壁垒，聚焦芯片架构、大模型训练等底层技术，避免陷入“应用空心化”。

应用层：结合区域产业基因深耕场景，同时通过生态协同突破地域限制。

治理层：建立适配不同区域的合规框架，确保技术创新与规避伦理风险的动态平衡。

作为跨国企业，博世构建了“技术研发在美国—应用落地在中国—合规治理在欧洲”的三层体系，精准适配区域优势。

在美国硅谷实验室，博世 AI 防碰撞系统整合 200 万英里路测数据，利用北美顶尖算法团队实现技术突破。

针对中国复杂路况，博世在深圳研发中心优化模型，使系统误报率下降 35%，贴近本土需求。

博世严格遵循欧盟《通用数据保护条例》，在欧洲总部建立伦理委员会，确保技术输出符合全球监管标准。

这种“技术研发全球化、场景适配本地化、合规治理区域化”的模式案例，成为跨国企业平衡创新与风险的典型案例。

（三）团队的可操作工具包

1. 技术层工具

利用 Google Colab 免费算力平台降低模型训练门槛，结合 Hugging Face 开源组件快速搭建基础框架，尤其适合中小企业起步。

关注 OpenAI API、英伟达 CUDA 生态等行业基础设施，避免重复造“轮子”。

2. 应用层工具

接入百度智能云“天工”平台等行业解决方案，直接获取10多个垂直领域的AI工具（如工业质检、智能客服），缩短落地周期。

加入区域产业联盟（如长三角AI制造联盟），共享脱敏数据提升模型泛化能力，降低单一场景依赖风险。

3. 治理层工具

采用微软Azure Purview进行数据分类，自动识别敏感信息并生成合规报告，满足不同地区数据主权要求。

引入伦理审查工具（如IBM AI Fairness 360），在模型训练阶段嵌入反偏见算法，避免技术应用中的公平性争议。

全球AI经济正经历“极化发展”与“生态共生”的深度博弈。美国凭借技术霸权构筑创新高地，中国依托场景密度催生应用革命，欧洲以伦理框架塑造合规标杆，形成“技术分工—场景互补—治理协同”的全球格局。未来竞争的核心，在于能否在“提高创新效率”与“风险管控”之间找到动态平衡点——企业需要打造“技术层+应用层+治理层”的能力矩阵，个人需要培养“技术素养+跨文化合规意识”，避免陷入“技术先进但治理滞后”或“应用繁荣但底层薄弱”的困境。当技术极化的“尖峰”与生态共生的“网络”形成良性互动，AI经济将真正成为跨越地理界限的增长引擎。

第二章

AI技术重塑经济的内在逻辑

一、智能生产崛起：AI驱动自动化与生产效率飞升

（一）设备智能化——从“哑设备”到“智能体”的进化

1. 工业传感器构建实时感知网络

工业传感器是智能生产的“神经末梢”，其高密度部署使设备具备环境感知与自我监控能力。以 ABB IRB140 机器人为例，其关节处集成的六维力传感器可实时采集 100 多条维度数据，精度达到 ±0.03mm。这种感知能力使设备从“执行终端”升级为“智能节点”。在焊接机器人体内，传感器实时监测焊枪接触力，当压力波动超过 5% 时自动调整焊接速度，避免因工件变形导致焊接缺陷，提高焊点合格率。

物联网（IoT）技术的应用进一步构建了设备互联网络。西门子安贝格工厂在 1000 多台设备上部署振动传感器与温度传感器，通过 5G 网络实时传输数据至边缘计算节点，实现设备状态的毫秒级监控。当某台贴片机出现振动频率 0.1Hz 的异常偏移时，系统自动触发三级预警，将设备故障导致的停机时间从平均 45 分钟缩短至 8 分钟。

2. 数字孪生实现虚实映射

如果说工业传感器构建的实时感知网络是智能生产的“神经末梢”，那么数字孪生技术则为设备装上了“智慧大脑”，推动设备从单一感知向虚实协同进化。数字孪生技术通过构建设备的三维虚拟模型，实现物理实体与数字镜像的实时同步。例如，MOTOMAN SV3 机器人的离线编程与仿真系统的应用（如 ROTSY 软件）。在某汽车工厂的车身焊接车间，工程师通过 CAD 建模工具构建机器人、焊枪和工件的三维模型，生成与物理设

备完全映射的数字孪生体。

（1）虚拟调试重构生产流程

传统生产线调试依赖人工示教，需要在物理设备上反复试错。引入数字孪生后，工程师在ROTSY软件中预设200多种工况，通过虚拟仿真自动识别是否达到碰撞风险点。这种虚拟调试将现场调试时间压缩至2天，碰撞事故数归零。

（2）实时映射提升控制精度

虚拟调试通过预演规避了物理试错风险，而实时映射则让数字孪生体与物理设备实现了动态同频，将生产精度控制推向新维度。数字孪生体与物理机器人通过实时数据接口连接，实现"状态孪生"与"控制孪生"。在实际焊接过程中，力传感器每20毫秒采集一次接触力数据，同步至虚拟模型，动态调整焊接姿态。当检测到工件变形导致焊缝位置偏移0.3mm时，数字孪生系统自动触发逆运动学计算，在50毫秒内生成新的关节坐标，驱动物理机器人补偿偏差，使复杂曲面的焊接合格率从82%提高到96%。

（二）AI驱动的自动化生产线控制逻辑

1. 数据闭环实现动态优化

智能生产线的核心是"数据采集—算法决策—执行反馈"的闭环控制。在海尔沈阳互联工厂的冰箱生产线，部署于300多个工位的视觉传感器每秒采集1000张工件图像，AI算法实时识别门体尺寸偏差。当某批次冰箱门板对角线位置偏差均值超过1mm时，系统自动调取历史数据，通过LSTM神经网络预测偏差趋势，在30秒内生成模具压力补偿方案。这一决策由部署在边缘服务器的优化算法完成，避免了传统人工调整需要耗时2小时的低效问题发生。

（1）多维度数据融合决策

系统集成三坐标测量机、压力传感器和PLC实时生产数据，构建多维度决策模型。当连续3个批次的门板平面度上的误差超过0.5mm时，AI算法通过关联分析发现偏差与模具温度和冲压速度强相关，自动生成“温度补偿+速度梯度调节”策略。实施后，门板次品率从5%降至0.8%，单批次良品产出提升12%。

（2）动态排产的实时响应

在订单切换场景，AI排产系统基于实时订单数据和设备状态，通过遗传算法在10秒内重构生产流程。当检测到某型号冰箱的抽屉导轨安装工位耗时增加30%时，系统自动调度相邻工位的协作机器人分担装配任务，将单台定制化产品的生产周期从45分钟缩短至28分钟。

2. 自适应控制参与重构生产逻辑

数据闭环机制打通了生产决策的动态优化链路，而自适应控制则在此基础上构建了更具弹性的生产响应体系，两者共同重塑了生产线的控制逻辑。

（1）质量控制的闭环反馈

在某汽车工厂的白车身焊接生产线，200台KUKA机器人搭载的视觉系统与力传感器实时采集焊点位置与焊接压力数据。当焊点位置偏移超过0.3mm且压力波动超过标准值±8N时，AI质量控制系统立即触发实时补偿，通过D-H运动学模型计算偏差矩阵，在50毫秒内调整机器人第四轴角度和焊接电流，同时向PLC发送工位暂停指令，防止缺陷扩散。这种自适应控制使单焊点质量检测可以实时全检，焊点漏检率从1.2%降至0.05%。

（2）动态工艺参数自优化

基于历史质量数据训练的神经网络模型，可实时识别焊接飞溅、熔池波动等20多种缺陷类型。当检测到某车型侧围焊接的飞溅率超过5%时，系统自动在工艺参数库中匹配最优解：将焊接时间从60毫秒延长至65毫秒，电极压力从300N增至320N，同时调整机器人运行速度曲线。实施后，该工位的飞溅缺陷率下降60%，产量提高8%。

理论价值需要实践验证，佛山陶瓷厂的智能化转型便是智能生产效能提升的鲜活例子。某传统陶瓷厂引入AI控制系统后，在窑炉关键位置部署100多个红外温度传感器与气体成分传感器，实时采集窑内128个测温点数据。AI算法通过梯度提升树建立"温度—窑压—燃气流量"的动态关系模型，每2秒优化一次控制参数。

（三）可操作方法（企业智能生产落地路径）

1. 设备智能化改造三步法

（1）传感器矩阵部署

选择多模态传感器组合，精度需要匹配生产工艺；采用边缘计算节点实现本地化数据预处理，通过OPC UA协议接入工厂网络；优先在关键工位部署，分阶段覆盖全厂设备。

（2）数据平台分层架构搭建

底层部署工业物联网平台，实现传感器数据实时采集与设备状态可视化；中层构建数字孪生模型库，支持实时状态映射与故障预演；顶层部署AI算法引擎，预设异常工况响应措施策略。

（3）设备互联与协议统一

采用5G+工业以太网混合组网，确保数据传输具有可靠性；统一设备通信协议，支持不同品牌设备互操作；建立设备数字身份标识，实现全流程设备状态追溯。

2. 生产线自动化改造工具包

完成设备智能化改造后，企业需要进一步借助自动化工具包实现生产线的深度赋能，形成从单点智能到系统内容协同的进化。

（1）AI排产优化工具

选用"启发式算法+实时数据接口"，支持多目标优化；集成订单管理系统（OMS）与制造执行系统（MES），实时同步订单变更，自动触发设备参数自适应调整。

（2）质量闭环控制工具

部署机器视觉检测系统，搭配边缘 AI 处理器，实现缺陷识别与 PLC 实时联动；构建“缺陷—工艺”知识库，自动关联缺陷类型与修正策略，通过强化学习持续优化控制逻辑。

从单点技术突破到系统逻辑重构，智能生产的演进本质上是数据要素与物理世界的深度融合。智能生产的本质是“数据资产”对物理生产的深度赋能。佛山陶瓷厂的案例证明，AI 不仅能实现次品率降低、能耗下降等显性效率提高的目的，更构建了“实时感知—自主决策—动态优化”的生产新逻辑。对于企业而言，智能生产落地需要把握“设备互联—数据贯通—算法赋能”三要素。通过传感器矩阵构建数字孪生底座，依托边缘计算与云平台实现数据闭环，最终以 AI 算法释放数据价值。这不是简单的技术叠加，而是需要重构组织架构、人才能力与商业模式。

二、流程革新：AI如何化繁为简，重塑业务流程

（一）供应链流程从“经验驱动”到“数据智能”的进化

1. 需求预测：精准捕捉市场脉搏

传统供应链依赖人工经验与简单统计模型，需求预测误差率普遍超过 20%。AI 通过融合多源数据构建智能预测体系，实现需求预测精度质的飞跃。某家电零售企业部署的 AI 预测系统，整合历史销售数据、社交媒体舆情、天气数据等 100 多个变量，采用 LSTM 神经网络与梯度增强回归树（GBRT）混合模型，将空调需求预测误差率从 18% 降至 6.5%。

（1）多维度数据融合建模

系统通过自然语言处理（NLP）解析用户评论，提取“制冷效果满意度”“价格敏感度”等50多个情感特征，与POS数据、库存周转率等进行时空关联分析。当检测到某区域连续3天35℃以上高温且社交媒体提及“空调促销”的正向评论数增幅超30%时，系统自动将该区域下周需求预测概率上调15%，并采用区域仓库紧急补货流程，使旺季断货率下降40%。

（2）动态滚动预测与调优

采用“滚动预测 + 实时微调”机制，每日凌晨更新未来14天预测的模型。当某型号冰箱的实际销量与预测值偏差连续2天超过10%时，系统自动启动异常检测：若因突发促销导致销量激增，则实时调整生产排程与物流配送优先级；若因竞品降价引发需求波动，则动态修正价格弹性系数。这种自适应调整使供应链响应速度从传统模式的72小时缩短至8小时。

2. 库存管理：从“安全库存”到“动态智能”

在库存管理方面，AI重构了逻辑，通过实时数据驱动实现“精准存货”。易购达的智能仓储系统接入200多个仓库的物联网数据，结合需求预测结果，采用强化学习算法动态计算安全库存阈值。例如，当某款洗衣机的区域库存周转率低于行业平均水平的20%时，系统将自动触发三级响应机制。

一级响应（周转率下降10%~20%）：启动区域仓库间调拨，以动态规划算法计算最优调拨路径，4小时内达到相邻仓库的库存平衡目的，使该区域缺货率下降35%。

二级响应（周转率下降20%~30%）：自动生成加急采购订单，同步调整生产排程，将补货周期从传统模式的7天缩短至48小时。

三级响应（周转率下降30%以上）：触发跨区域应急配送预案，调用第三方物流的前置仓资源，结合实时交通数据优化配送路线，使末端配送时效提升25%。

（1）智能分仓与动态补货

系统通过聚类算法将全国仓库划分为8大库存单元，每个单元建立独立的库存优化模型。当某单元的滚筒洗衣机库存量低于安全阈值时，AI自动分析历史订单密度、运输成本矩阵，在30分钟内生成最优补货方案。这种精准控制使全品类库存周转率提高18%，仓储成本下降22%。

（2）物流配送：从“走固定路线”到“实时智配”

在配送环节，AI算法重构路径规划逻辑。易购达的配送系统接入实时路况、车辆负载、订单时效要求等50多个参数，采用混合整数规划算法，每15分钟更新一次配送路线。一个典型场景案例：当北京朝阳区突降暴雨导致道路拥堵率超40%时，系统将自动为300多个订单重新规划路径，绕行二环辅路并调整配送顺序，使准时送达率从75%提高到92%，单车日均配送量增加15%。

（二）客户服务流程从“人力密集”到“智能响应”的转变

传统客服依赖人工处理，平均响应时间超5分钟，且重复问题占比达60%以上。AI驱动的智能客服系统通过自然语言处理与知识图谱技术的工作，实现从问题识别到解决方案全自动化。某银行的智能客服（如“小银助手”）部署后，日均可处理8万次咨询，覆盖了85%的常见问题，响应时间压缩至20秒以内，人工客服需求量减少40%。

1. 多轮对话与意图识别

系统采用双向长短期记忆网络（Bi-LSTM）构建意图识别模型，结合知识图谱解析用户深层需求。当用户咨询“信用卡逾期是否影响征信”时，模型不仅识别关键词，更通过上下文分析用户潜在意图。系统接入央行征信规则库、银行内部政策文件，在 300 毫秒内形成多维度响应。这种深度理解使复杂问题解决率从人工处理解决率的 65% 提高到 88%，客户满意度从 72% 升至 91%。

2. 智能工单分流与闭环处理

在工单管理环节，AI 系统通过卷积神经网络识别工单文本中的关键信息，结合客户等级、历史服务记录，在 100 毫秒内完成工单分级与路由规划（见表 2–1）。

表2–1　智能工单分流与闭环处理效率对比

工单类型	对比内容		
	传统人工处理时长	AI系统处理时长	效率提高数据
简单咨询类（如密码重置）	人工处理，耗时3分钟	自动触发自助服务链接，45秒内完成	处理耗时缩短75%
复杂业务类（如贷款驳回）	人工分类标注，处理周期较长	卷积神经网络识别关键争议点，推荐资深团队	处理周期缩短40%，争议点定位效率提高60%
紧急投诉类（如资金盗刷）	人工标记优先级，30分钟内响应	自动标记红色紧急级，5分钟内响应	响应时效缩短83.3%

传统物流面临订单量波动大、路由规划低效、库存周转率低等问题。顺丰引入 AI 系统后，构建“需求预测—智能分仓—动态配送”全流程闭环。

需求预测。整合电商平台订单、区域促销活动、天气预警数据，采用 Transformer 模型预测各城市未来 7 天包裹量，误差率从 15% 降至 7%，提前 3 天启动临时仓储扩容预案。

智能分仓。基于强化学习算法，动态调整全国 180 个分拨中心的库存分配，区域断货率下降 25%。

动态配送。实时接入 200 多个数据源构建动态智配网络。

顺丰的配送路由系统实时接入高德地图的实时路况、车辆 GPS 轨迹等

300多个参数，采用“混合整数规划算法＋蚁群优化算法”组合模型，每10分钟重构一次全网配送路径。

动态分流。自动将85%的标快包裹切换至“高速＋国道”组合路线，时效提升20%。

负载均衡。实时监控车载重量，自动拆分轻小件至邻近车辆，干线运输成本下降18%。

末端优化。结合用户收件习惯数据，动态调整配送时段，签收率从65%提高到88%。

这种实时智配使顺丰的全国平均配送时间缩短1.2小时，恶劣天气下的准时送达率从68%提高到89%，单票配送成本下降15%。

（三）流程内容变革的挑战与破局之道

1.“数据孤岛”与系统整合难题

传统企业各业务系统（ERP、CRM、WMS等）数据格式不统一，导致AI部署初期数据清洗耗时占比超40%。某制造企业实施部署智能排产系统时，因设备PLC数据与ERP订单数据无法互通，项目延期3个月。

采用统一数据标准接入设备、业务系统数据，并通过数据治理工具实现95%以上的数据自动清洗，数据准备周期从60天缩短至15天。

构建业务实体标签体系，使AI模型训练效率提高30%，需求预测模型迭代周期从周级缩短至小时级。

2. 算法黑箱与决策透明度挑战

某银行智能客服因算法过度依赖历史投诉数据，将“信用卡年费争议”误判为低优先级，导致客户满意度下降。此类“黑箱决策”问题暴露了AI可解释性不足等问题。

应对策略为在智能客服系统中嵌入规则引擎与神经网络的混合架构，利用LIME算法为决策提供解释，使客服能清晰地向客户说明，客户满意度提升 20%。

3. 员工技能转型与组织文化障碍

引入 AI 后，员工面临技能断层，部分传统物流操作员难以适应智能仓储系统操作。同时，组织内存在"AI 威胁论"，阻碍新技术推广。可以通过以下途径解决。

开展"技术赋能"培训项目。分岗位定制课程（如操作员侧重自动化设备操作、管理人员学习 AI 战略规划），采用"理论 + 模拟实操"模式，培训后员工岗位胜任率提高 35%。

营造"人机协作"文化氛围。举办"AI 创意大赛"，鼓励员工提出 AI 与业务结合的创新方案，使客户问题解决效率提高 25%。

建立转型激励机制。设立"AI 应用先锋"奖励基金，对主动优化 AI 流程的员工给予绩效加分，使员工从"技术接受者"转变为"创新参与者"，组织变革阻力下降 40%。

AI 对业务流程重塑，本质是对企业"神经脉络"的系统性升级。顺丰的实践证明，当供应链实现需求预测误差率下降、客服响应效率提高、员工从抵触转为协作，企业获得的不仅是成本降低与效率提高，还是应对市场变化的核心能力。

企业推进流程革新需要把握三个关键：数据贯通是基础（打破系统孤岛，构建统一数据中台）；算法赋能是核心（用预测模型、优化算法重塑决策逻辑）；组织适配是保障（通过培训与文化建设实现人机协同）。这不是局部的流程改良，而是以 AI 为引擎，驱动业务流程操作从"人工主导"向"智能自治"转变。当每个流程节点具备数据感知与自主决策能力时，企业将真正构建起适应数字经济的响应架构。

三、商业新貌产生：AI催生新兴业态与商业模式

（一）共享经济从“资源匹配”到“智能调度”的范式升级

1.“智能调度”新阶段

AI 驱动的动态供需平衡共享经济的核心是“去中心化的资源高效配置”，而 AI 技术将其推向“智能调度”新阶段。以滴滴出行为例，其智能派单系统接入 200 多万名司机与 5000 多万名乘客的实时数据，通过深度强化学习算法，将订单匹配效率提高至毫秒级。当检测到北京某商圈午间用车需求激增 30% 时，系统自动触发“动态调价 + 司机激励”策略，使高峰期平均接单时长从 8 分钟缩短至 3 分钟，车辆空驶率下降 22%。

（1）时空维度的精准匹配

系统构建“需求—供给”双端预测模型，通过历史订单数据、实时路况、天气事件等 50 多个变量，预测未来 15 分钟各区域的供需缺口。当上海虹桥火车站晚间出现万人级客流时，AI 自动调度周边 10 千米内的网约车与顺风车，结合司机接单偏好与乘客时效需求，实现“人—车—时—价”四维精准匹配，使夜间枢纽的订单完成率从 65% 提高到 89%。

（2）资源利用的帕累托优化

通过博弈论模型优化司机与乘客的双向激励。当司机连续 3 单服务评分高于 4.9 分时，系统自动提升其接单优先级，并推送高溢价订单；当乘客频繁取消订单（月均超 5 次），则动态调整其匹配阈值。这种机制使优质司机的月均收入提高 18%，乘客取消率从 12% 降至 7%，整体服务满意度从 75% 升至 88%。通过使用动态定价算法平衡供需波动，使车辆日均

服务时长从 6.5 小时延长至 8.2 小时，单车产能提升 26%。

2. 无人零售——重构消费场景的“即得性”体验

AI 驱动的无人零售业态以“无感支付 + 智能补货”重构消费链路。便利蜂的智能便利店部署 300 多个摄像头与重力传感器，通过计算机视觉技术识别商品拿取行为，结合 RFID 标签实现“拿了就走”的无感结算。当某种矿泉水的货架重量连续 3 小时低于安全阈值时，系统自动触发补货机器人调度，10 分钟内完成货架填充，使缺货率从 8% 降至 1.2%。

（1）全场景数据感知网络

门店部署的 AI 视觉系统可识别 2000 多种 SKU，精度达 99.7%，实时追踪用户购物动线。当检测到某用户在零食区停留超 3 分钟且多次拿起又放回薯片时，系统通过分析其历史购物评论，自动推送该品类的促销信息，使关联商品转化率提高 35%。

（2）动态供应链的即时响应

基于门店销售数据与库存数据，AI 算法构建“需求—库存—补货”闭环。当北京某社区店的关东煮在工作日晚上销量突增 200% 时，系统自动向中央厨房发送加急生产指令，同步调度冷链配送车，实现 30 分钟内热销品补货，较传统供应链响应速度提升 5 倍。

（二）个性化推荐：从“经验选品”到“数据共生”的商业模式

1.AI 驱动的精准匹配机制

电商平台的个性化推荐已从简单的“猜你喜欢”模式进化为“数据共生”模式。淘宝的“千人千面”系统接入用户浏览、搜索、购买等 200 多条行为数据，通过 Transformer 推荐模型，实现每秒处理 800 万次推荐请求。当用户搜索“跑步鞋”后，系统不仅推送同类商品，还通过知识图谱关联运动袜、运动手表等互补品，使关联商品购买率提高 45%。

（1）根据兴趣，动态触发模型

采用联邦学习技术保护用户隐私，在不传输原始数据的前提下，构建用户动态兴趣向量。当某用户连续 3 天浏览“婴儿奶粉”并加入收藏夹时，系统触发“育儿阶段”推断模型，同步推送辅食、婴儿车等关联品类，同时向品牌商发送精准营销指令，使该类用户的 30 天复购率提高 22%。

（2）结合反馈，动态调整推荐策略

结合强化学习算法，根据用户实时反馈，动态调整推荐策略。当检测到某用户对推荐的连衣裙连续 5 次“无感划过”时，系统自动切换推荐维度，并增加小众设计师品牌的推荐权重。通过动态调整，使该用户的推荐点击率从 8% 提高到 22%，加购率提高 25%。这种“实时感知—动态调优”机制使淘宝的推荐转化率提高 38%，用户日均停留时长增加 12 分钟。

2. 商业模式的深层变革

个性化推荐不仅提高流量效率，更重构了“人—货—场”的关系（见表 2–2）。

表2–2　AI驱动商业模式对“人—货—场”关系的重构对比

变革维度	对比内容			
	传统模式	AI驱动模式	核心数据与案例	核心价值
供给端	经验驱动产品设计，试错成本高	数据反推设计（如优衣库分析推荐数据）	优衣库新品试错成本下降40%，设计方案更精准	从“经验试错”到“数据精准定义产品”
需求端	用户主动搜索，购买目标明确	被动发现（AI生成“专属购物清单”）	非计划购买率提高55%，用户日均停留时间增加12分钟	从“人找货”到“货找人”
匹配情况	基于历史行为简单推荐	知识图谱构建三维关联（商品—场景—用户）	场景化推荐转化率是传统推荐的3倍，淘宝推荐点击率提高38%	从“单一维度匹配”到“全场景智能关联”

传统生鲜零售面临库存损耗高、供需匹配低效等问题。盒马引入AI后，打造“数字孪生门店”，构建“供应链—门店—消费”全链路智能系统。

智能订货。通过LSTM模型预测各SKU的次日销量，当草莓的周销量波动超15%时，自动联动种植基地调整采摘量，使损耗率降至3.2%。

动态定价。每30分钟根据库存量与实时客流调整价格，如夜间菜类商品自动降价20%，带动临期商品销量提升60%。

履约优化。AI调度系统整合3千米内的前置仓与骑手数据，当某小区订单密度表现为50单/小时，自动启动“分区拣货+接力配送”模式，使30分钟达单率从75%提高到91%。

这种新业态使盒马的坪效达传统超市的5倍，库存周转天数从45天缩短至18天。

（三）新兴业态的挑战与融合路径

1. 数据隐私与安全风险

某无人零售企业因用户行为数据过度采集被监管处罚，暴露了新兴业态的数据采集合规问题。

采用“数据不动，模型动”的联邦学习，在用户本地设备上完成数据预处理，仅向平台传输加密后的特征向量，降低数据泄露风险。

部署隐私计算平台，在保护用户隐私的前提下，实现跨企业数据协助，提高合规性。

2. 跨越传统商业的数字化鸿沟

中小商户面临AI技术门槛高、投入成本大等问题，如某便利店难以负担百万级的智能货架系统。

（1）轻量化部署与易用性设计

系统采用SaaS架构，无须部署本地服务器，商户通过微信小程序即可登录，30分钟完成基础数据初始化。智能订货模块自动识别畅销品，补货建议准确率较人工经验提高 60%；动态定价模块支持“时段 + 品类”组合策略，操作界面点击次数较传统 ERP 系统减少 70%。

（2）数据驱动的决策支持

针对中小商户缺乏数据分析师的痛点，系统内置“经营健康度仪表盘”，实时显示库存周转率、滞销品清单、客单价波动预警等。某社区便利店使用后，库存周转天数从 35 天缩短至 22 天，滞销品占比从 25% 降至 12%，人工订货耗时从每周 4 小时压缩至 30 分钟。

3. 人机协作的新商业伦理

新兴业态面临“过度依赖 AI，导致人文关怀缺失”的质疑，如智能客服过度标准化，导致复杂问题处理僵化。

建立“AI 初判—人工复核”双层机制，如共享经济平台对“用户安全投诉”保留 100% 人工审核，确保紧急事件响应的人性化。

开发“AI 透明度报告”工具，向用户展示推荐逻辑，提升商业信任度。某电商平台试点后，用户对推荐系统的满意度从 68% 提高到 83%。

AI 催生的新兴业态不仅有技术应用的创新，更有商业逻辑的重构。共享经济通过智能调度实现资源利用效率的帕累托最优，无人零售以数据闭环重塑消费体验，个性化推荐构建“供需共生”的新生态。盒马的实践证明，当技术红利与商业场景深度融合，不仅能创造新的商业模式，还能重新定义行业的成本与效率边界。

企业切入新兴业态需要把握三个核心：轻量化技术部署（如 SaaS 工具降低中小商户准入门槛）；数据价值闭环建立（从感知数据到商业决策的完整链路）；人机协同进化（避免发生伦理风险）。唯有在技术效率与人文温度之间找到平衡点，才能构建可持续的商业生态。

四、增长引擎解密：AI作为经济增长新动力的理论与实证

（一）理论解码：AI 重构经济增长的底层逻辑

1. 生产函数的范式革新

传统经济增长理论（如索洛模型）强调资本、劳动、技术进步对产出的驱动。AI 的革命性在于重新定义“技术进步”的内涵：它不仅是外生的技术变量，还是通过数据要素与算法算力的融合，形成“内生性技术系统”，其中数据成为与资本、劳动并列的核心生产要素。

（1）全要素生产率的跃升

研究表明，AI 可将全要素生产率提高 1.2%~1.5%，远超传统 IT 技术的 0.3%~0.5%。这种提升源于以下三重复合效应。

在资源配置效率方面，AI 在供应链中实现需求预测误差率下降 20%，使库存周转率提高 15%。

在生产效率提高方面，工业机器人通过实时力控技术（精度 ±0.03mm），将精密加工良品率从 85% 提高到 98%。

在创新能力增强方面，AI 药物研发系统将化合物筛选周期从 5 年缩短至 18 个月。

（2）边际效益递增的新途径

传统资本投入受边际效益递减规律制约，而 AI 的“数据—算法”组合呈现显著的递增特性。以美团外卖的智能调度系统为例，每新增 1 万名骑手，算法优化带来的配送时效提升不是线性增长，而是通过路径优化算

法（如蚁群算法迭代）使平均配送时长再降5%，形成“数据规模—效率提高”的正向循环。

2. 产业融合的乘数效应

AI通过“渗透效应”与“重构效应”产生乘数效应。

在渗透效应方面，AI辅助诊断系统将放射科医生的单例诊断时间从30分钟缩短至5分钟，病灶识别准确率从85%提高到97%。北京某三甲医院引入该系统后，单日CT筛查量从200例增至500例，漏诊率下降60%，相当于每年多服务10万名患者，直接创造约2000万元的诊断收入增量。

在重构效应方面，AI驱动的“数字孪生工厂”重构生产范式。海尔沈阳互联工厂通过使用数字孪生模型（精度达0.1mm），将新产品试错成本降低70%，研发周期从180天缩短至90天，催生“小批量多品种”的柔性生产模式，使定制化产品产能占比从10%提高到45%。

（二）实证分析：多行业出现增长奇迹

1. 制造业精度革命与产能提升

富士康郑州工厂的AI质检系统部署后，智能手机摄像头模组的缺陷检测效率提高10倍，单条生产线日均检测量从8000件增至8万件，漏检率从0.5%降至0.05%。系统采用ResNet–50深度学习模型，结合迁移学习技术，可识别20多种微观缺陷（如灰尘颗粒、镜片划伤）。传统人工质检需要80人轮班作业，AI系统仅需10人监控，人力成本大幅降低，单条生产线年产能从240万件提高到2400万件。

2. 医疗业精准医疗的经济乘数

（1）癌症早筛的成本评估

推想医疗的AI肺癌筛查系统在全国200家医院部署后，基层医院的CT检查阳性率从12%提高到25%，早期肺癌发现率提高3倍。以山东省为例，系统使全省每年多发现5000例早期患者，按每例治疗成本节约15

万元计算，年节省医疗支出 7.5 亿元。

（2）药物研发的范式革命

Insilico Medicine 的 AI 药物研发平台将小分子新药发现周期从 5 年缩短至 18 个月，研发成本从 20 亿美元降至 2 亿美元。其核心技术是生成对抗网络与强化学习的结合：前者设计全新化合物结构，后者优化合成路径。2023 年，该平台研发的纤维化药物进入临床阶段，较传统方法提前 2 年，单药研发的时间价值增量达 12 亿美元。

3. 金融业风险控制的智能进化

蚂蚁集团的智能风控系统接入 2000 多条维度数据（消费行为、设备指纹、地理位置），通过神经网络构建用户信用图谱，将小微企业贷款审批时间从 3 天缩短至 3 分钟，不良贷款率从 2.3% 降至 0.8%。系统实时监测商户交易频次、金额波动、设备异常等 500 多个风险特征。当检测到某杭州小商品商户夜间交易频次突增至原来的 150% 且设备 IP 地址从杭州跳转为深圳时，自动触发三级响应。

一级预警：实时冻结交易账户，向商户发送设备异常提醒。

二级核查：调取近 30 天的交易流水，通过关联规则算法识别是否存在欺诈模式。

三级决策：若判定为正常经营行为，自动恢复交易并提升 10% 的临时授信额度；若确认为风险交易，在 0.5 秒内阻断支付并触发人工复核。

（1）动态风险评分的实时进化

系统采用“规则引擎 + 机器学习模型”混合架构，规则引擎处理 80% 的常规风险，机器学习模型（如“XGBoost+GNN”）处理复杂关联风险。

（2）金融数据要素的模型创新

系统将“交易流水、物流轨迹、税务数据”等非结构化数据转化为信用特征，构建“三维信用模型”（见表 2–3）。

表2-3　数据要素驱动的三维信用评估模型创新对比

信用维度	对比内容		
	传统金融评估方式	AI驱动三维信用模型	核心创新点与成效
经营维度	依赖抵押担保（如房产、设备）	通过物流轨迹计算货物周转天数，替代传统抵押	300万元无抵押物小微企业获授信，单户额度从8万元提高到15万元
行为维度	侧重财务报表等结构化数据	分析企业主支付宝使用频次，量化“数字足迹”价值	挖掘非财务数据信用价值，覆盖传统评估盲区
关系维度	孤立分析企业信用，忽略关联风险	分析交易关联网络，发现隐性风险关联	风险识别准确率提高35%，小微金融服务规模年增2000亿元

传统药物研发面临“双十困境”（10年时间和10亿美元成本），DeepMind的AlphaFold与AlphaDrug系统重构研发链条。

在蛋白质结构预测方面，AlphaFold将蛋白质三维结构预测时间从数个月缩短至12个小时，精度达原子级别（偏差 ±0.15nm），使靶点发现效率提高50倍。

在化合物合成优化方面，AlphaDrug通过强化学习，筛选1亿个候选分子，将苗头化合物发现周期从18个月缩短至3个月，研发成本下降40%。

在临床试验优化方面，AI系统通过自然语言处理解析2000万份电子健康记录，构建患者分层模型，将临床试验招募周期从18个月缩短至6个月。

（三）增长引擎的挑战与激活路径

1. 数据要素资产化的瓶颈

某制造企业因内部“数据孤岛”，导致AI模型训练效率低下，设备故障预测准确率仅为60%。破局工具为数据资产化管理平台。

建立“数据目录”系统，对生产数据进行标签化管理，使数据检索效率提高 80%。

实施“数据血缘追溯”技术，记录数据从采集到建模的全链路，确保数据质量可追溯，模型训练周期缩短了 40%。

2. 算力基础设施的供需矛盾

中小科技企业面临算力成本高的问题，如训练一个大型语言模型需要百万美元算力支出。应对策略为使用轻量化算力调度方案。

采用“云边协同”架构，边缘端处理 80% 的实时数据，仅将特征数据上传云端，使算力成本下降 60%。

接入共享算力平台（如华为云 ModelArts），通过采用“按需付费 + 弹性扩容”模式，中小企业算力使用成本从每月 10 万元降至 2 万元。

3. 技术创新与制度适配的统筹

医疗 AI 诊断的法律责任界定模糊，导致某辅助诊断系统在临床应用中遭遇合规性争议。解决方法为构建 AI 治理框架。

建立“技术—法律”双轨认证体系，明确责任主体与数据追溯机制。

开发“AI 决策审计系统”，记录算法推荐的关键依据，使医疗 AI 的决策透明度提升 70%。

AI 对经济增长的驱动成果已超越单一行业的效率提高，通过重构生产函数、激活数据要素、重塑产业分工，构建“技术—经济”协同进化的新范式。从制造业的精度革命到医疗业的成本颠覆，从金融业的风控创新到制药业的研发重构，AI 用实证数据证明其作为“通用目的技术”的增长赋能潜力——不仅带来全要素生产率的持续提高，还推动经济增长从“资本驱动”向“数据智能驱动”转型。

企业激活 AI 增长引擎需要把握三个核心：数据治理是基石（构建可计算的数据资产）；算力调度是关键（云边协同平衡效率与成本）；制度创新是保障（建立适配 AI 的法律与伦理框架）。这不是简单的技术投入，而是需要重新定义“增长要素”的配置方式——让数据流动起来，让算法决策落地，让算力释放价值。当 AI 真正融入经济增长的底层代码时，不仅是 GDP 增速的变化，还有经济发展质量的系统性跃升。

第三章

AI经济智能制造领域的辉煌实践

一、智能工厂AI赋能，产生生产制造新范式

（一）智能工厂的核心架构转变：从物理互联到数字孪生

智能工厂的技术架构分为物理层、网络层、数据层、应用层，形成闭环系统。

1. 物理层的设备智能化改造

生产设备通过传感器（如压力、温度、振动传感器）实时采集状态数据，工业机器人、AGV 小车等通过嵌入式控制器接入网络。例如，为 ABB IRB140 机器人配备高精度编码器（精度 ±0.03mm），实时反馈关节位置数据，为运动控制提供精准输入。

2. 网络层的工业通信无缝连接

采用 5G、工业以太网（如 PROFINET、EtherCAT）和时间敏感网络（TSN），实现设备间低延迟数据交互。某汽车工厂通过 OPCUA 协议集成 300 多台设备，数据传输延迟控制在 5 毫秒内，确保实时调度指令精准执行。

3. 数据层——云端大脑的决策中枢

云计算平台（如西门子 MindSphere、阿里云 ET）对海量数据进行清洗、存储与分析。边缘计算节点在设备端预处理实时数据（如设备振动信号的异常特征提取），减少云端负载。某电子厂通过边缘 AI 处理器（算力 ≥ 20TOPS）将缺陷检测延迟缩短至 10 毫秒，检测效率提高 40%。数据层使用数字孪生技术构建设备虚拟模型，如 MOTOMAN SV3 机器人的数字孪生体可实时模拟呈现关节运动轨迹，提前预判机械臂负载超限风险出现位置，将设备故障率降低 35%。

4. 应用层——人机协同的智能终端

工业 App 实现生产可视化（如实时工单看板、设备 OEE 监控），AR 眼镜辅助工人完成复杂装配（误差≤ 0.5mm）。某新能源汽车工厂的移动端 App 集成 AI 排程算法，工人通过扫码即可获取实时工位任务，订单响应时间从 4 小时压缩至 30 分钟。

工业互联网平台是设备互联的技术枢纽。平台遵循“分层解耦”原则，分为基础设施层、平台层、应用层（见表 3–1）。

表3–1　工业互联网平台分层解耦架构与企业实施成效

分层架构	对比内容		
	核心功能	技术/工具示例	企业案例与效率提高
基础设施层	实现设备协议转换与多系统接入	工业网关（如研华UNO–3000系列）	某钢铁厂通过200多个网关整合老旧设备，数据接入成本下降60%
平台层	数据治理与标准化，构建数据中台	华为云工业数据中台、元数据管理工具	某汽车零部件厂数据治理后，模型训练效率提高50%，数据准备周期从60天变为15天
应用层	低代码开发与场景化应用快速部署	西门子Low–Code、工业App	某小家电企业3天内部署能耗监控应用，设备待机能耗下降25%，开发成本降低70%

（二）AI 驱动的生产过程：从经验调度到智能决策

1. 实时监控——全流程状态感知

多源数据融合监控。AI 融合传感器数据与视觉数据，构建生产状态数字孪生。某锂电池工厂部署 100 多个视觉传感器，结合 LSTM 算法预测涂布机浆料黏度波动，提前 2 小时预警质量风险，良品率达到 99.2%。

动态异常检测。采用生成对抗网络建立设备正常状态基线，当某注塑机的合模力波动超过阈值时，系统自动触发三级响应，使停机损失减少 60%。

2. 智能调度——弹性生产的核心引擎

订单动态排程。强化学习算法（如 PPO）处理多变量，某电子厂将订单交付周期从72小时缩短至48小时。当突发紧急订单时，系统自动拆分常规订单产能，优先分配高速贴片机资源，确保紧急订单4小时内上线。

资源协同优化。基于神经网络构建设备互联图谱，实时计算AGV最优路径。某仓储物流中心的AGV调度系统使单车日均搬运次数提升25%，能耗下降18%。机器人与CNC机床通过数字孪生系统预演协作流程，换型时间从30分钟压缩至8分钟。

海尔中德滚筒工厂构建了“设备互联—实时优化—质量闭环”的智能生产体系。

设备联网与数字孪生。工厂部署300多台机器人，通过OPCUA协议接入海尔COSMOPlat工业互联网平台，实现设备状态实时透明化。每个滚筒洗衣机的内筒焊接工序配置多轴力传感器（精度 ±0.1N），边缘计算节点实时分析焊接压力曲线，结合数字孪生模型沿焊接轨迹预演，焊点缺陷率从0.8%降至0.15%。

AI驱动的生产调度。针对多型号滚筒混线生产场景，强化学习算法动态调整资源分配。当检测到某型号订单激增20%时，系统自动重组生产线，使换型时间缩短40%，产能提升15%。

全流程质量检测闭环。最终检测环节部署16台3D视觉检测设备，基于ResNet-50神经网络识别缺陷，检测速度达20件/秒，准确率达99.7%。当连续3件检测到同类型缺陷时，系统自动回溯生产数据，10分钟内定位工装夹具松动故障，避免出现批量质量问题。

在成效上，工厂单班产能提升22%，人工质检成本下降60%，订单交付周期从7天缩短至4天。该工厂成为达到“零缺陷”标准的滚筒洗衣机智能工厂。

（三）AI在质量检测中的突破：从抽样检测到全检智控

1. 图像识别技术的工业级应用

多模态缺陷检测。采用线阵CCD相机与结构光扫描仪组合，构建产品

360° 视觉检测系统。某汽车玻璃工厂的 AI 质检系统可识别 0.1mm 级的表面气泡，检测速度较人工提升 10 倍，漏检率从 1.2% 降至 0.05%。

缺陷分类与溯源。卷积神经网络结合迁移学习，支持 20 多个缺陷类型实时分类。某电子元件厂的检测系统通过利用知识图谱关联缺陷位置与工艺参数，将缺陷溯源时间从 4 小时缩短至 15 分钟。

2. 分析质量数据从而作出调整

AI 分析历史质量数据与工艺参数的相关性，建立质量预测模型。某空调生产线的 AI 系统发现蒸发器焊点缺陷与焊接机器人的 Z 轴加速度强相关，自动修正机器人运动轨迹，使该工序良品率从 95% 提高到 99.1%。

（四）落地路径变化：从蓝图规划到价值落地

1. 战略规划：顶层设计与场景聚焦

需求诊断与痛点梳理。企业通过价值流映射（VSM）识别生产瓶颈，如某汽车配件厂发现注塑机换模时间占总周期的 30%，针对性引入 AI 换模调度系统，换模时间从 25 分钟压缩至 8 分钟。

分层实施路线图遵循“单点突破—局部互联—全局智能”路径。

试点层：选择高价值场景部署 AI 视觉系统，快速验证 ROI（某医疗器械厂首条 AI 质检线在 3 个月内收回成本）。

互联层：构建设备数据中台，实现 80% 以上生产设备联网（如华为云工业互联平台）。

智能层：部署端到端优化算法（如用遗传算法优化排程），逐步实现生产全流程自主决策。

2. 技术落地：工具选择与系统集成

对大型企业而言，优先考虑用友精智、西门子 MindSphere 等全功能平台（如某钢铁企业通过西门子 MindSphere 实现高炉能耗降低 12%）。

对中小企业而言，选用轻量化 SaaS 平台（如阿里云 ET），通过低代码工具快速搭建设备监控应用，初期投入成本降低 70%。

边缘—云端协同架构。在设备端部署边缘计算网关（如研华 UNO-2400），实现实时数据过滤，云端流量成本降低30%以上。某电子厂通过使用边缘节点预处理摄像头数据，缺陷检测延迟控制在 15 毫秒，满足了高速生产线实时要求。

3. 组织适配：人才培养与文化转型

跨领域人才储备。建立“工业 + AI”复合型团队，设置“智能工艺工程师”岗位，要求掌握 Python 数据分析与机器人编程（如 ABB RobotStudio）。

数据驱动决策机制。推行“Dashboard 文化”，通过生产驾驶舱（如 Tableau 工业版）实时显示核心指标，管理层决策周期从日报级缩短至分钟级。

4. 持续优化：迭代进化与生态协同

在模型动态更新机制方面，建立 AI 模型闭环优化流程。某锂电池工厂的分容检测模型通过持续学习，容量预测误差从 5% 降至 1.2%。

产业链各家协同创新。加入行业工业互联网平台（如长三角智能工厂联盟），共享设备 OEE、能耗等数据，实现供应链级优化。

（五）智能工厂的终极形态——自进化制造系统形态

当设备互联率达到 90% 以上、AI 决策覆盖 80% 生产场景时，智能工厂将进阶为“自进化制造系统”工厂。

自诊断。通过数字孪生实时模拟设备故障，预测性维护准确率达 95% 以上。某汽车工厂的轴承寿命预测模型提前 72 小时预警更换需求，非计划停机时间减少 40%。

自优化。AI 算法根据实时生产数据动态调整工艺参数，如焊接机器人自动适配不同板材厚度（±0.5mm），焊接速度提升 18%，焊渣缺陷率下降 60%。

自配置。面对多品种小批量生产，系统自动调用历史最优工艺（含机器人轨迹、机床参数、质检规则等）。某3C工厂实现10分钟内完成生产线切换，换型时间缩短70%。

自学习。通过跨工厂数据共享（符合ISO27001数据安全标准），某新能源企业的电池涂布机AI模型积累50万多条工况数据后，涂布厚度均匀性数据达到99.8%，使其成为行业工艺标杆。

这种系统不再依赖人工经验，而是通过“数据采集—模型训练—决策执行—反馈优化”的闭环，实现制造能力的持续进化。当每个生产单元具备自主感知、自主决策、自主迭代的能力，整个工厂将形成有机协作的智能体，如同生物系统般自适应外部需求变化。未来，随着边缘AI算力的发展和数字孪生的全域渗透，制造业将彻底摆脱“大规模标准化”的桎梏，使个性化需求与效率成本完美平衡，开启智能制造新纪元。

二、工业利刃贡献：工业机器人与自动化生产线的AI精准应用

在智能制造的浪潮中，工业机器人与自动化生产线作为核心载体，正通过AI技术实现从“机械执行”到“智能决策”的跨越式升级。AI不仅赋予工业机器人环境感知和自主规划能力，更让自动化生产线具备实时优化和动态协同的智慧。下面将从智能控制技术优势、生产节奏优化、故障预警能力及传统生产线对比等维度，剖析AI如何重塑工业生产的核心逻辑，并通过真实案例陈述展现技术落地的商业价值。

（一）工业机器人的智能控制革新：从“精准执行”到“自主决策”

工业机器人的智能控制技术是通过 AI 算法赋予机械臂“思考”能力，使其在复杂环境中自主规划路径、调整动作，实现高精度作业。这一过程融合了机器学习、传感器融合、动态建模等核心技术，让机器人从遵循“示教再现”的固定模式进化为能适应动态变化的“智能体”。

1. 路径优化与机器人感知

传统机器人依赖预设轨迹，面对非结构化环境时灵活性不足。AI 算法通过大量数据训练，使机器人具备动态路径规划能力。

强化学习（RL）。通过“试错—反馈”机制，机器人可在复杂工况下优化路径。例如，ABB 机器人在电子元件装配过程中，借助深度强化学习算法，显著提高避障成功率和路径规划效率。

遗传算法（GA）。针对多目标优化问题（如能耗最小化、时间最短化），遗传算法通过模拟自然选择生成最优轨迹。某汽车工厂使用该算法后，在机器人焊接路径的能耗和作业时间上显著优化。

3D 视觉与传感器融合。结合深度摄像头和力传感器，机器人可实时感知工件位置和接触力。三菱电机开发的电缆组装机器人，通过 3D 视觉识别弯曲电缆的连接器位置，配合力控算法，将插入精度控制在 0.5mm 以内，效率提高 3 倍。

2. 自适应控制与自学习能力

AI 让机器人具备“经验积累”能力。

数据驱动的模型优化。通过收集作业数据，训练神经网络模型，实时调整关节控制参数。某锂电池生产线的搬运机器人，通过使用自学习算法，使电池片抓取的破损率显著降低。

故障自愈机制工作。当传感器检测到异常振动或力矩突变时，AI 系统自动识别故障类型，并切换至备用控制策略。富士康郑州工厂的机器人通过使用该技术，显著减少了非计划停机时间。

日本三菱电机福山制造所曾面临断路器组装的自动化难题。引入 AI 后，该公司通过以下步骤实现突破。

3D 视觉建模。使用高精度视觉传感器扫描零件，构建三维模型数据库，训练卷积神经网络识别零件姿态，识别准确率达 99.5%。

多轴协同算法。开发基于模型预测控制的路径规划算法，使 2 台六轴机器人协同作业，自动调整零件抓取角度和安装顺序，组装时间大幅缩短。

自学习优化。通过收集组装数据，优化力控参数，解决 U 形零件的受力变形问题，良品率从 85% 提高到 98%。

改造后，该生产线人力节省 40%，生产周期缩短至 1.5 天，成为全球断路器生产效率最高的生产线之一。

（二）自动化生产线的 AI 赋能：从“刚性生产”到“柔性智控”

自动化生产线的核心挑战在于应对多品种小批量生产、实时质量波动和设备故障。AI 通过数据实时采集、动态建模和智能决策，实现生产节奏的精准调控与全链路风险管控。

1. 生产节奏的智能调控

使用动态排程系统。基于实时订单、设备状态和库存数据，AI 算法生成最优生产计划。海尔沈阳工厂的空调生产线，通过强化学习算法优化排程，订单交付周期显著缩短，设备利用率提高。

自适应节拍控制。当某工序过程中出现瓶颈时，AI 自动调整相邻工位的机器人速度，平衡生产线负荷。美的佛山工厂的注塑车间，通过机器视觉实时监测模具状态，动态调整注塑机与机器人的协同节奏，产能显著提升。

能耗优化。结合设备能耗模型和生产计划，AI 实时分配能源，降低空转损耗。西门子成都工厂通过该技术显著降低单台机器人的待机能耗。

2. 故障预警与预测性维护

多模态数据融合。采集振动、温度、电流等传感器数据，结合 LSTM 时间序列模型，提前预测轴承故障，准确率达 95%。某汽车变速箱生产线应用后，非计划停机时间显著减少。

异常检测算法使用无监督学习算法，实时识别生产过程中的异常波动。宁德时代电池生产线使用该技术后，将涂布工序的缺陷识别时间大幅缩短，良品率显著提高。

维护策略优化。基于设备剩余寿命预测（RUL），动态调整维护计划，避免过度维护。通用电气航空发动机生产线使用该技术后，维护成本显著降低，关键设备可用率提高。

3. 工业 AI 监控平台搭建三步法

数据采集层：部署工业物联网传感器，采集设备状态、生产参数、质量数据，通过 OPCUA 协议统一接入数据中台。

算法应用层：使用训练异常检测模型，集成 Grafana 进行实时可视化监控，设置三级预警阈值。

执行优化层：联动 MES 系统，当检测到设备异常时，自动调度备用机器人接管任务，同时生成维护工单，推送至维修人员移动端。

（三）AI 赋能生产线效率与质量的双重跃升

AI 赋能生产线与传统生产线核心指标对比（见表 3–2）。

表3–2　AI 赋能生产线与传统生产线核心指标对比

对比维度	生产线特征对比与效果		
	传统生产线特征	AI赋能生产线特征	提高效果
生产效率情况	人工调度，节拍波动大	动态排程，节拍波动控制在 ± 5%以内	产能提高20%~40%

续表

对比维度	生产线特征对比与效果		
	传统生产线特征	AI赋能生产线特征	提高效果
质量合格率	人工抽检，漏检率较高	100%全检，缺陷识别准确率大于99%	良品率大幅提高
柔性生产时间	换型时间长（适应少品种大批量）	换型时间小于30分钟，支持多品种混线生产	换型效率提高75%
设备维护	定期维护，停机时间占总时间比例高	预测性维护，停机时间占总时间比例小于3%	维护成本降低30%~50%
能耗管理	粗放式耗能，单位产品耗能波动大	实时能耗优化，波动控制在±5%以内	单位能耗降低15%~25%

（四）效率革命与柔性生产

1. 效率革命：从“经验驱动”到“数据驱动”

传统生产线依赖班组长经验调度，常出现设备空转、物料等待等浪费情况。AI通过使用实时数据孪生模型，实现全流程透明化。

广汽丰田广州工厂引入数字孪生系统，实时模拟机器人作业路径，生产线调试时间显著缩短。

小米西安工厂通过AI排程，将多型号手机混线生产的切换时间大幅压缩，产能利用率显著提高。

2. 质量跃升：从“事后检测”到“实时管控”

AI使质量控制从事后抽检转向全流程实时监控。

苹果郑州工厂使用AI视觉检测系统，对手机外壳进行全方位扫描，漏检率显著降低。

三一重工长沙工厂的焊接机器人，通过力控传感器和AI算法，实时调整焊接压力和速度，焊缝合格率显著提高。

3. 柔性生产：从“刚性制造”到“弹性适应”

面对个性化需求，AI赋予生产线快速切换能力。

海尔工厂的洗衣机生产线，通过AI自动识别订单型号，动态调整机器人末端执行器，换型时间大幅缩短。

博世汽车部件苏州工厂的AI系统，可根据实时订单动态分配机器人任务，支持多种型号混线生产，切换损失显著降低。

（五）未来展望：从“自动化”到“自治化”

AI技术正推动工业机器人与自动化生产线向更高阶段发展。

边缘AI与云端协同。在机器人端部署轻量级神经网络，实现本地实时决策，减少云端依赖。

数字孪生深度融合。通过数字孪生模型模拟运行，提前预判机器人集群协作中的瓶颈。

形成人机共融新形态。协作机器人搭载力传感器和AI算法，可安全感知人类动作意图，提高装配效率。

工业机器人与自动化生产线的AI升级，本质是“数据+算法”使传统制造逻辑重构。从三菱电机的断路器生产线到富士康的智能工厂，案例证明AI不仅是技术工具，还是重塑生产关系的核心驱动力。对于企业而言，关键在于打破“数据孤岛”，构建“感知—分析—决策—执行”的闭环，让AI真正融入生产基因。随着边缘计算、数字孪生等技术的深化应用，这场由AI驱动的工业革命，逐渐引领制造业迈向“自感知、自决策、自优化”的自治时代，为全球产业竞争重塑底层规则。

三、供应链智变：AI助力物流与库存管理的优化升级

在全球供应链复杂度与日俱增的背景下，人工智能正成为化解“效率与成本”矛盾的核心引擎。从物流路径的实时优化到库存的智能调控，AI

技术通过数据驱动的决策重构了供应链的底层逻辑。这种变革不仅体现在运输路线的动态规划、库存周转的精准预测，还体现在通过端到端的协同优化，将供应链从以“牛鞭效应”主导的粗放模式运作，转变为“数据智能”驱动的敏捷体系。

（一）AI 重构物流运输：从经验调度到算法驱动的路径革命

1. 多维度动态路径算法规划

传统物流依赖人工经验或简单规则（如“最短距离优先”），难以应对实时交通变化、订单波动等复杂变量。AI 算法通过三大突破重构路径规划方式。

（1）实时数据融合处理

深度学习模型（如神经网络）实时解析交通流、天气、路面状况等 30 多条维度数据，动态调整路线。京东物流“青龙系统”接入 200 多万辆配送车辆的实时位置数据与百度地图 API 路况预测数据，使城市配送拥堵规避率提高到 85%，平均配送时长缩短 22%。

（2）多目标优化算法

强化学习（如 PPO 算法）平衡时效、成本、碳排放等目标。在城市配送中，通过 AI 调度使单车日均配送里程减少 15%，准时送达率达到 98%。电商“最后一公里”场景算法自动匹配快递员负载与配送时段，末端配送成本下降 18%。

（3）动态应急响应

在突发事件（如道路施工、极端天气）发生时，实时生成备选方案。某汽车零部件供应链在遭遇暴雨导致主干道封闭时，AI 系统在 10 秒内重新规划路线并调选备用仓库，使交付延迟从 4 小时压缩至 1.5 小时。

2. 技术工具贡献：从单机算法到平台化解决方案

中小企业可快速部署 SaaS 工具（如路歌管车宝），集成基础 Dijkstra

算法与实时交通数据API，无须复杂部署即可实现区域路径优化。某连锁超市使用后，城市配送车次减少20%，油耗成本下降12%。移动端App支持司机实时反馈路况（如临时拥堵、遇限高路段），形成“人工反馈—算法迭代”闭环。

（二）库存管理的智能进化：从经验补货到数据驱动供需平衡

1. AI驱动的需求预测与库存、补货优化

传统库存管理依赖安全库存公式，导致库存积压（周转率小于4次/年）或缺货（订单满足率小于90%）。AI利用三层模型重构库存管控。

（1）多因子需求预测

时间序列模型（如“LSTM+Transformer”）融合历史销售数据、促销活动信息、天气指数（如空调销量与气温相关性）。某快消品企业AI预测系统将月度需求判断误差率控制在8%以内，促销期库存周转次数提升至6.5次/年。

（2）动态安全库存算法

强化学习模型，实时计算最优安全库存，考虑供应商交货周期（LT±3天波动）、运输风险（如港口拥堵概率为15%）。华为供应链AI系统将手机零部件库存周转天数从45天缩短至28天，断货率下降至1.2%。

（3）智能补货策略

结合报童模型与实时库存数据，生成补货指令。某3C电商AI补货系统在“双11”期间，将爆款手机配件补货响应时间压缩至15分钟，库存周转率较传统模式提高40%。

2. 技术落地：从数据采集到决策自动化

（1）物联网与库存可视化

RFID标签（读取精度为99.2%）与货架传感器实时采集库存数据，边缘计算节点预处理后上传云端。苏宁物流利用20多万个RFID标签，使库

存实时准确率达 99.8%，盘点效率提高 5 倍。

（2）库存优化工具与平台

使用 Excel 插件版库存计算器（如 Safety Stock Pro），输入历史销量，即可生成安全库存建议，适合中小企业。

SAP IBP 的 AI 库存模块支持多仓库协同优化，如某汽车主机厂使用后，区域仓库库存成本下降 25%。

下面简单介绍京东物流的 AI 项目落地。

城市配送。青龙系统深度强化学习模型处理 200 多万个实时订单与车辆状态数据，每 15 秒刷新全局路径。北京、上海等城市引入“动态网格分区”策略，将城区划分为网格，实时计算订单密度与车辆负载，生成最优配送路线。系统使单车日均配送里程从 120 千米压缩至 95 千米，配送准时率从 82% 提高到 96%。

干线运输。结合天气 API 与高速公路 ETC 数据，提前 4 小时预判拥堵路段出现时间、位置，并自动切换路线。2023 年“双 11”期间，京津冀区域干线运输延误率下降 40%，车辆空驶率控制在 12% 以内。

需求预测。京东物流 AI 系统整合用户浏览记录、历史订单和促销日历数据，使用 N-BEATS 模型预测销量。3C 产品预测误差率降至 7%，华北区域仓库的爆款手机备货准确率达到 98%。

动态补货。基于仓库物联网数据，AI 系统每小时计算补货临界点。2023 年“6・18”期间，北京“亚洲一号”仓库自动补货响应时间压缩至 8 分钟，库存周转次数达 7.2 次 / 年。

（三）落地指南：从技术工具到实施路径

1. 中小企业的轻量化部署方案

（1）物流路径优化三步法

数据接入。通过高德地图开放平台 API 获取实时交通数据，结合订单系统，生成初始路线。

工具选择。试用轻量化 SaaS 工具（如快货运 AI 调度版），内置 Dijkstra 算法和实时路况修正。

人机协同。保留人工干预接口（如司机紧急反馈按钮），提高算法精度与灵活性。

（2）库存管理高性价比工具包

入门级：使用 Python 开源库（如 statsmodels）搭建 ARIMA 模型，输入 12 个月销量数据，生成安全库存建议。

进阶级：接入金蝶云星空 AI 库存模块，预训练 LSTM 模型，部署成本较定制开发降低 60%。

2. 大型企业的端到端解决方案

（1）技术架构搭建

数据层：构建供应链数据湖（如华为云 Data Lake），整合订单、库存、运输等多源数据，标准化处理后，一致性大幅提升。

平台层：部署 AI 中台（如 ModelArts），预训练供应链专用模型，库存预测准确率达 92%，路径优化响应时间小于 100 毫秒。

应用层：开发供应链数字孪生系统，实时模拟库存与运输实况。某汽车集团通过预演极端天气调度，断供风险大幅降低。

（2）实施路线图

阶段一：完成核心数据接入，上线基础 AI 预测模型。

阶段二：部署智能调度系统，实现 70% 以上路线自动优化，库存周转率提高 10% 以上。

阶段三：构建端到端协同网络，打通“供应商—工厂—仓库数据”闭环，订单交付周期缩短 20%，总成本下降 15%。

（四）AI 驱动供应链的终极形态——自适应网络未来趋势

当 AI 覆盖 90% 以上的供应链决策场景时，系统将进化为“自适应供应链网络”。

需求感知。通过使用全网舆情数据（如电商评论、社交媒体信息），实时捕捉消费趋势。某快消品企业提前 2 周识别新品爆款潜力，库存准备效率提高 30%。

动态协同。区块链与 AI 结合，实现全流程溯源（如药品运输温度异常，自动触发应急方案）。某医药供应链异常响应时间从 4 小时压缩至 30 分钟。

自主进化。联邦学习技术允许跨企业数据协同（如共享匿名化库存数据），行业算法模型自动迭代，推动产业链库存成本下降 8%。

AI 通过重塑数据流动与决策逻辑，推动供应链从“成本中心”向“价值中心”转变。企业需要选择适配工具，通过“场景聚焦—快速迭代—生态协同”路径，让 AI 成为效率与韧性的双引擎。未来，随着边缘计算与 5G 融合，供应链节点将进化为智能体，形成“需求即响应、库存即流动、物流即网络”的新生态。

第四章

AI引领智慧医疗领域经济创新变革

一、AI技术在疾病检测中的医疗影像诊断应用

医学影像诊断是疾病检测的核心环节，但传统模式存在效率低、误诊率高、早期筛查能力不足等问题。AI 技术的突破，尤其是深度学习与卷积神经网络的成熟，正推动医学影像诊断的颠覆性变革。AI 通过自动化特征提取、精准病灶识别和多模态数据融合，不仅大幅提高诊断效率与准确性，还在早期疾病筛查中展现出潜力，成为使医疗资源不均衡分布、精准医疗的关键引擎。

（一）AI 重构医学影像分析的技术运作：从依赖像素到病理的智能解码

1. 卷积神经网络——穿透像素的“数字慧眼”

AI 在医学影像诊断中使用的核心技术是卷积神经网络，其工作流程包括数据预处理、特征提取和智能决策。以 CT 和 X 光影像处理为例，原始影像数据（如 224×224 像素的 CT 切片）需要经过降噪、归一化等预处理。随后，CNN 通过多层卷积核逐层捕捉影像特征，从边缘轮廓到病理特征（如肺结节的分叶征、毛刺征）。在肺结节检测中，CNN 可自动分割出毫米级的微小病灶，漏检率较人工降低 70%。

AI 还支持多模态数据融合，将不同模态影像数据（如 CT、X 光、MRI）输入孪生 CNN 模型，提升诊断精度。例如，DeepMind 的肺癌检测模型结合 CT 影像与电子病历数据，在全国肺癌筛查试验中，早期病例检出率提高 5%，假阳性率下降 11%，准确率达 94.4%，超越资深放射科医生的平均水平。

2. 自动化处理链出现的转变：从“人工阅片”到“智能流水线”

在传统诊断中，医生需要逐帧分析CT影像，平均每例耗时10~15分钟，且漏诊率高达4.5%。AI则构建了全流程自动化处理链，如达摩院CT诊断系统可在20秒内完成单病例分析，效率较人工提高50倍，病灶量化评估误差小于3%。AI通过自动化分割技术精准定位病变区域，在脑出血诊断中，分割出血区域的耗时仅为人工的5%，准确率达98.2%。

在技术实现上，AI采用迁移学习优化模型训练，基于预训练的ResNet、VGG16等模型，仅需数万例标注数据即可达到临床级精度。这种“机器替代重复劳动，医生聚焦复杂决策”的人机协作模式，重塑着影像科的工作范式。

（二）数据赋能：AI诊断准确性临床实证与价值重构

1. 用数据量化AI的诊断优势

临床数据显示，AI辅助诊断系统使误诊率降低20%，诊断准确率提高15%，尤其在复杂病例诊断中优势显著。在肺结节检测中，人工漏检率为12%，AI漏检率降至0.16%，误检率仅为0.08%，病变检出率达99.76%。在乳腺癌筛查中，Google Health的AI模型对微钙化灶的敏感度达98%，高于医生平均水平。

2. 效率革命：重新定义医疗资源的时间价值

AI可以显著提高诊断效率。在基础阅片环节，AI使单例胸部CT分析时间从6小时压缩至3分钟，释放医生80%的重复劳动时间。在复杂场景（如放疗靶区勾画场景）中，人工需要数小时，AI系统则在30分钟内完成，剂量计算误差小于5%。

在医疗资源紧张地区，AI技术使单位时间内可处理的影像量达到原来的4~6倍。广州市某基层医院引入AI后，放射科日均处理量从80例提升至200例，报告出具时间从4小时缩短至30分钟，急诊CT平均等待时间缩短

60%。

（三）早期筛查：AI 开启疾病防控的“窗口期”

1. 从“中晚期确诊”到“早期捕捉”的范式转变

在传统影像筛查中，对小于 1cm 的早期病灶检出率不足 60%。AI 通过深层特征学习，将早期肺癌、乳腺癌的检出率提高到 90% 以上。在依图医疗与广州医科大学附属第二医院的合作中，AI 从 2000 例高危人群影像中检出 10 例肺癌影像，其中 9 例为核，较传统筛查提前 3~6 个月发现病灶，患者 5 年生存率从 50% 提高到 85%。

AI 通过多维度特征融合提升筛查效能。例如，Pro Found AI 系统分析乳腺 X 光片时，结合患者年龄、家族史等 300 多条维度数据，假阳性率降低 40%，临床活检效率提高 30%。

2023 年，55 岁的李女士在社区体检中接受低剂量 CT 筛查。AI 检测到右肺下叶 0.6cm 的磨玻璃结节，标记为“恶性风险等级 4 级”，提示医生进一步穿刺活检。经病理分析确诊为早期肺腺癌后，李女士及时接受手术，且术后恢复良好。

2. 全球实践：从实验室到临床的落地

AI 早期筛查在发达国家已嵌入医院，覆盖多种癌种；在发展中国家，通过云端部署解决基层设备不足问题。例如，中国一些县域医院通过 5G 传输 CT 影像至云端 AI 平台，2 小时内获得诊断建议，使偏远地区早期筛查覆盖率提高 50%。

（四）落地指南：医疗机构引入 AI 影像诊断的“五步实操法”

1. 数据筑基：构建高质量标注数据库

多源数据整合。汇聚医院 5 万 ~10 万例历史影像数据，联合第三方数据平台补充罕见病例。

标准化标注。采用“双医师独立标注 + AI 校验”机制，病灶标注误差控制在 0.3mm 以内。

2. 模型定制：匹配临床需求的算法组合

基础筛查场景选择轻量级 CNN 模型（如 MobileNet），兼顾速度与精度。

复杂诊断场景部署多模态融合模型（如“ResNet+Transformer”），整合多源数据。

3. 流程再造：打造人机协作的标准化动线

三级审核机制为“AI 初筛—住院医师复核—主任医师终审”，重大阳性病例自动触发多学科会诊（MDT）。

智能工单系统按病灶风险等级自动分类，优化报告出具时间。

4. 人才升级：培养“AI 协同型”医生

定制化培训，开发 AI 辅助诊断模拟系统，医生通过虚拟病例训练。

建立反馈机制，医生标注数据反向输入模型训练，形成闭环。

5. 合规与安全：构建数据防护体系

隐私计算。采用联邦学习技术，确保患者信息安全。

动态验证。每季度进行 AI 性能审计，建立算法异常熔断机制。

AI 技术正在改写医学影像诊断的底层逻辑，成为医疗资源重分配、提升诊断公平性的核心基础设施。当基层医院的 AI 系统能达到三甲医院专家的诊断水平，当早期癌症检出率提高 30% 以上，医疗的“精准化”“普惠化”将从愿景变为现实。对于医疗机构而言，拥抱 AI 是必然趋势，通过技术引入、流程再造与人才升级，构建“AI 驱动的影像诊断新生态”，才能在智慧医疗浪潮中占据先机。未来，随着量子计算与多模态数据的深度融合，AI 影像诊断将开启从疾病检测步入全病程管理的全新时代。

二、诊断助力：智能辅助诊断系统提高医生诊断准确率的奥秘

在医疗诊断的核心战场，智能辅助诊断系统正成为医生的“超级大脑”。它通过整合多维度医疗数据，运用机器学习构建疾病预测模型，突破医生经验局限，在复杂病例中提供精准诊断建议。从电子病历的自然语言处理到影像数据的深度特征提取，从单病种辅助到全病程管理，AI 正重塑诊断决策的底层逻辑，不仅将误诊率降低 20% 以上，还通过人机协作让基层医生获得三甲医院级的诊断能力，成为破解医疗资源不均难题、提高诊疗效率的关键抓手。

（一）数据驱动的智能基石转变：从碎片化信息到诊断知识库

1. 多模态数据的“全维度扫描”

智能辅助诊断系统的核心优势在于对多源异构数据的整合能力强，涵盖四大维度。

医学影像维度：通过卷积神经网络提取病灶特征，如 CT 影像中肺结节的毛刺征、乳腺癌的微钙化灶。

电子病历维度：运用自然语言处理解析自由文本，提取“咳嗽持续 3 周”“血压 160/100mmHg”等结构化信息。

实验室数据维度：整合血液生化指标、基因测序结果，如 HLA 基因分型辅助判断患者自身免疫病风险。

外部数据维度：接入气候数据（如 $PM_{2.5}$ 与呼吸道疾病关联）、生活习惯（如吸烟史、运动频率）等。

以冠心病诊断为例，系统融合冠脉 CTA 影像、心电图 ST 段偏移数据、血脂水平及家族病史，通过使用梯度提升树算法计算发病概率，较单一指标诊断准确率提高 35%。

2. 机器学习的“超级学习法”

系统训练遵循“数据标注—模型迭代—临床验证”闭环。

监督学习。利用 10 万个标注病例训练分类模型，如肺癌病理切片标注使 AI 对磨玻璃结节良恶性判断准确率达 94%。

迁移学习。基于预训练的 ResNet-50 医学影像模型，仅需 1 万条新增数据即可适配罕见病诊断。

强化学习。模拟医生诊疗路径优化流程，如在糖尿病视网膜病变检测中，自动规划最优检查顺序，减少 20% 冗余检查。

这种“数据喂养—算法进化”机制，使系统诊断能力随病例积累呈指数级增长，三年期模型准确率较初始版本提高 25%。

（二）诊断向智能化演进：从规则引擎到动态决策

1. 症状到疾病的“智能映射”

系统以三层逻辑架构生成诊断建议。

底层特征提取：NLP 解析主诉文本，如将“左侧胸痛放射至左臂”转化为“心绞痛疑似特征”，结合心电图 ST 段压低数据触发心肌缺血预警。

中层知识图谱：构建“症状—疾病—检查”关联网络，如“咳嗽 + 痰中带血 + 吸烟史”指向肺癌的概率权重为 0.78，自动推荐低剂量 CT 筛查。

顶层决策模型：基于随机森林算法，综合多维数据输出诊断概率，如 65 岁以上患者 PSA>10ng/ml 时，前列腺癌风险从 30% 上调至 55%。

在实际应用中，该逻辑链使基层医生对复杂病例的诊断准确率从 65% 提高到 85%。尤其在鉴别肺结节良恶性时，AI 建议使穿刺活检阳性率从 40% 提高到 72%。

2. 动态优化的"诊疗大脑"

系统具备以下三个实时学习能力。

病例反馈机制。医生修正诊断后，系统自动标记"易错样本"强化学习。某医院录入漏诊的"不典型心梗"病例后，系统对"无痛性胸闷"的识别敏感度提升 40%。

跨模态融合。同时分析 CT 影像与电子病历。在肺炎诊断中，当影像显示斑片状阴影但体温正常时，系统自动降低细菌性肺炎概率，提示病毒性感染可能，减少 30% 抗生素滥用概率。

风险预警。结合血糖波动与视网膜病变进展，提前 6 个月预测糖尿病肾病风险，较传统指南提前 3 个月干预。

2024 年，贵州某县级医院王医生接诊一位 72 岁患者，主诉"反复乏力 3 个月，加重伴纳差 1 周"。常规检查显示，血红蛋白为 85g/L（中度贫血），粪便隐血弱阳性，初步诊断"消化道溃疡"。但 AI 系统触发三重预警。

病史挖掘。NLP 解析发现 20 年前幽门螺杆菌感染史，半年体重下降 8kg，触发"消化道肿瘤"风险标签。

影像关联。胃镜报告"胃窦黏膜粗糙"，AI 对比 20 万例胃癌影像，识别黏膜微血管结构紊乱特征（恶性可能等级 9/10）。

实验室验证。CEA 轻度升高（5.8ng/ml），系统建议"胃癌风险为 78%，48 小时内完成超声胃镜和活检"。

最终病理确诊早期胃腺癌，患者及时接受内镜黏膜下剥离术，术后 5 年生存率达 90%。若依赖传统诊断，该病例可能漏诊至中晚期，生存率将骤降至 40% 以下。在此案例中，AI 通过多维度数据交叉验证，将基层医院消化道肿瘤早期检出率从 22% 提高到 65%。

（三）落地指南：医疗机构构建智能辅助诊断系统的"五步攻坚法"

1. 数据基建：打造高质量"医疗数据底盘"

整合 HIS、PACS、LIS 系统数据，建立患者主索引，确保跨系统数据同源对齐，目标完整率大于95%。

组建“医生＋AI”标注团队，采用双盲交叉校验，肿瘤病理报告病灶描述标注误差率控制在10%以内。

2. 模型定制：匹配专科需求的算法组合

针对区域高发疾病，采用迁移学习微调预训练模型，使区域特异性病灶识别准确率提高15%。

在基层医院部署轻量化AI引擎（如MobileNet简化模型），确保30秒内完成诊断，网络延迟小于50毫秒。

3. 流程再造：构建人机协同诊断动线

建立三级预警机制，如表4–1所示。

表4–1　智能辅助诊断系统三级预警机制与人机协同流程

风险等级	处理流程	责任主体	响应时间	核心功能
绿色（低风险）	AI自动生成报告，触发住院医师复核	住院医师	即时（系统自动触发）	快速处理常规病例，释放专家资源
黄色（中风险）	AI初筛异常，推送主治医生复核	主治医生	小于30分钟	针对性处理复杂问题，规避漏诊风险
红色（高风险）	强制启动多学科会诊，AI推送相似病例	多学科专家团队	即时触发	整合专家资源，应对疑难重症，提高诊断准确率

智能工单系统按“病情紧急度＋医生专长”分配病例，如将“胸痛伴ST段抬高患者”优先推送至心内科医生，缩短决策时间。

4. 医生能力升级：培养“AI协同型”诊疗团队

开发病例推演平台，医生通过1000多个虚拟病例训练，掌握“AI建议—临床判断—证据验证”三角决策法。

设立“AI诊断修正奖”，医生修正病例后，自动计入个人知识库，在月度例会上复盘典型案例。

5. 合规与安全：筑牢数据安全与伦理防线

采用联邦学习技术，患者数据本地化处理，仅传输加密特征向量（如“年龄 + 病灶直径 +CT 值”）。

每月生成《AI 诊断效能报告》，重点监测“与资深医生一致性”“罕见病漏诊率”，异常时自动触发算法熔断。

智能辅助诊断系统的价值，不仅在于提高准确率，还在于重构医疗决策底层架构。当基层医生拥有实时调用千万级病例的能力，当复杂诊断从“经验依赖”转向“数据驱动”，医疗公平性与精准度将迎来质的飞跃。对于医疗机构，关键是打破“技术孤岛”，通过数据基建、模型定制与流程再造，让 AI 真正融入诊疗流程，形成“医生主导决策，AI 赋能效率”的共生模式。

未来，随着多模态数据融合（如“基因组 + 影像 + 生活数据”）与因果推理技术突破，智能辅助诊断系统将从“疾病判断”延伸至“全病程管理”，成为每个人身边的“数字健康管家”，推动医疗从“治疗疾病”向“维护健康”转变。这不仅是技术的胜利，更是医疗价值的重新锚定——让每个诊断决策都建立在对数据的理性分析上，让每个患者都能获得超越地域限制的精准医疗服务。

三、精准医疗先锋：AI驱动个性化医疗与药物研发的突破之路

在医疗领域，精准医疗正逐渐从愿景变为现实，而 AI 正是这一变革的核心驱动力。通过深度解析患者基因数据、整合多维度临床信息，AI 能够制订超越传统经验的个性化治疗方案。在药物研发领域，AI 从靶点筛选

到分子设计的全流程介入，将新药研发周期从平均10年缩短至3年，成本降低70%以上。这种从“千人一方”到“一人一策”的转变，不仅重塑了疾病治疗范式，还重构了医药产业的研发逻辑。

（一）基因与数据双重解码，AI构建个性化治疗蓝图

AI制订个性化方案的核心是对多维度数据的深度融合，典型应用场景包括以下方面。

在基因组数据方面，解析2万多个基因位点，识别疾病相关突变，结合算法预测药物代谢差异。例如，针对CYP2C19慢代谢基因患者，AI自动调整氯吡格雷剂量，避免疗效不足或产生出血风险。

在临床数据方面，整合电子病历、检验结果与影像特征，构建疾病表型画像。在冠心病治疗中，AI使用结合冠脉CTA影像与基因数据，将支架术后再狭窄率从25%降至12%。

在生活数据方面，通过LSTM神经网络分析可穿戴设备数据（如睡眠呼吸暂停），预测高血压患者心衰风险并提前干预。

在肿瘤治疗中，IBM Watson系统分析基因表达谱、病理分期及全球疗效数据，为非小细胞肺癌患者推荐靶向药物，使客观缓解率提高35%，中位无进展生存期延长4.2个月。

AI通过以下三层算法架构，实现治疗方案优化。

底层特征工程：用TF-IDF算法提取电子病历症状权重，结合影像组学参数构建多维特征向量。

中层预测模型：采用随机森林算法预测治疗响应，如在免疫治疗中，通过120多个特征将盲目试药率从40%降至15%。

顶层优化引擎：基于强化学习动态调整方案，如在糖尿病患者血糖管理项目中，AI组血压控制达标率较传统方案提高27%。

（二）药物研发的“效率革命”：从靶点到分子的智能探索

多组学数据整合：通过神经网络识别疾病相关蛋白质互作网络。Insilico Medicine 的 PandaOmics 平台发现特发性肺纤维化新靶点 TNIK，缩短 6 个月的研发周期。

虚拟筛选技术：基于 AlphaFold 2 预测蛋白质结构筛选化合物。辉瑞利用该技术在新冠药物研发中锁定 3 种高亲和力分子，速度提升到原来的 1.4 倍。

在罕见病领域，AI 整合 20 万例渐冻症患者 RNA 测序数据，识别 SOD1 基因新剪切位点，临床试验入组速度提升到原来的 1.5 倍。

以下为 AI 重构药物分子设计流程。

生成对抗网络，学习已知药物分子结构生成新分子。Insilico Medicine 的 Chemistry42 平台仅用 21 天设计出肾纤维化候选药物，而传统方法需要 18 个月。

量子计算辅助，晶泰科技结合量子物理与机器学习优化分子构效关系，将 Paxlovid 晶型预测周期从 6 个月缩短至 2 周。

这些技术使新药研发成本从 20 亿美元降至 6 亿美元，成功率从 10% 提高到 25%。AI 设计的抗肿瘤药物在 I 期临床试验中有效性达 65%，远超传统方法的 40%。

2023 年，张女士因家族性淀粉样变心肌病陷入绝境：传统基因检测显示 TTR 基因 V30M 突变，但疗效有限，心脏射血分数降至 35%。AI 精准医疗系统通过以下三步使情况扭转。

全基因组解析。发现 SERPINA1 基因罕见突变导致肝脏合成异常蛋白，传统检测因单基因聚焦漏诊。

跨模态数据融合。结合心脏 MRI 与血浆标志物，预测传统药物有效率仅为 12%，建议基因沉默疗法。

全球数据匹配。从 5 万例的数据库中匹配 3 例相似患者，生成个性化用药方案。

治疗6个月后，张女士射血分数回升至52%，生活质量显著改善。AI通过多基因交互分析与全球病例匹配，将诊断时间从18个月缩短至2周，治疗精准度提高40%。

（三）落地指南：构建AI精准医疗体系的“五步攻坚法”

1. 数据基建

整合基因组、影像组、临床数据，建立患者唯一标识，确保同源率大于98%；采用联邦学习技术聚合多机构数据，模型精度提升20%。

2. 算法定制

针对高发癌种，使用迁移学习微调预训练模型，基因—药物响应预测准确率达92%；开发LSTM病程预测模型，提前72小时预警。

3. 研发流程再造

建立“AI初筛＋湿实验验证”双轨制，靶点验证周期从12个月缩短至3个月；部署生成式AI平台，自动过滤无效分子。

4. 临床应用构建三级建议机制

绿色方案：AI推荐一线治疗，医生一键确认。

黄色方案：提供3套候选方案（附证据等级），医生在4小时内决策。

红色方案：触发多学科会诊，推送全球最佳实践。

5. 合规与生态

通过ISO 27701隐私认证，区块链技术确保数据可追溯；建立跨学科协作网络，优化罕见病漏诊率。

AI驱动的精准医疗与药物研发正在改写医疗产业底层逻辑。治疗方案制订基于千万例基因—疗效数据推演；新药诞生伴随AI导航，医疗精准度和效率方面迎来突破。对于医疗机构和药企而言，这些不仅是技术引入，更是思维重构——从“试错模式”转向“精准模式”。

未来，随着单细胞测序与AI融合，精准医疗将从“疾病治疗”延伸至“健康预测”；AI与器官芯片技术结合，将推动个性化用药进入“精准合成”时代。这场医疗革命将大幅降低医疗成本，重塑人类与疾病的博弈方式。对于决策者而言，加速数据开放、培养跨学科人才、完善监管框架，是抢占先机的关键，让AI真正成为守护人类健康的“数字先锋”。

四、医界创举：AI在医疗领域的突破性应用与瞩目成果

AI正在重塑医疗服务的全流程，从雪域高原的远程手术到社区家庭的健康管理，从毫米级精准操作的手术机器人到24小时在线的智能健康助手，其突破性应用不仅提高了效率，还重构了医患关系与资源分配方式，推动医疗从“疾病治疗”迈向“全生命周期守护”。

（一）远程医疗：打破时空的“数字诊疗桥”

1. 技术实现：“5G+AI”的远程诊疗基建

远程医疗的核心是“数据实时流转＋智能决策”。

5G网络赋能。华为5G医疗专网实现10毫秒超低时延，支持8K手术影像实时传输。协和医院通过5G远程指导，完成300多例危重症患者气管插管，成功率达92%。

AI辅助诊断链。基层医院CT影像经AI预处理（病灶自动标注）后，在5分钟内传输至云端，结合AI诊断模型（准确率达96%），效率提高400%。

多模态数据融合。远程胎心监护系统整合超声影像、胎心率、孕妇血压，通过LSTM神经网络预测早产风险，提前72小时预警，干预成功率

提高35%。

2. 临床突破：从"面对面"到"端对端"的诊疗升级

AI远程医疗呈现以下三大突破。

急诊急救。深圳急救系统接入AI调度模型后，对心梗患者平均响应时间从12分钟缩短至6分钟，死亡率下降22%。

慢性病管理。糖尿病患者通过使用智能血糖仪实时上传数据，AI调整胰岛素剂量，糖化血红蛋白达标率从65%提高到81%，急诊就诊次数大幅降低。

跨学科协作。北京儿童医院AI系统连接200家基层医院，先天性心脏病超声影像识别准确率达94%，术前误诊率从30%降至8%。

（二）手术机器人毫米级精度的"智能手臂"

1. 智能控制的核心突破

手术机器人通过"感知—决策—执行"闭环，实现精准操控（见表4-2）。

表4-2　手术机器人核心技术突破与临床成效

技术突破	对比内容		
	核心技术原理	典型应用案例	效果提升数据
触觉反馈技术	六维力传感器实时感知接触力，动态调整操作力度	达芬奇Xi系统应用在前列腺切除术中	尿道吻合时间缩短30%，尿失禁并发症从15%降至6%
视觉伺服算法	3D视觉重建结合路径规划，精准避开血管	肺叶切除术自动避开血管	病灶切除误差控制在0.3mm以内，手术精度达微米级
自主学习能力	分析10万例手术录像，优化操作轨迹	心脏搭桥手术血管吻合	血管通畅率达98%，超越资深医生平均水平（约95%）

2. 临床实证：从"微创"到"精准"的跨越

全球30万例临床数据显示，妇科手术子宫内膜癌根治术出血量减少55%，住院时间缩短70%，30天并发症率降至16%；泌尿外科前列腺癌根治术切缘阳性率从12%降至5%，控尿功能恢复提前15天。

在远程手术方面，北京301医院通过使用5G机器人远程为患者切除肝肿瘤，机械臂振动幅度小于0.1mm，创口愈合速度大幅提升。

（三）健康管理：可穿戴设备编织“数字防护网”

1. 智能监测的技术架构

智能监测的核心是“传感器+AI算法”的实时监测网络。

多模态数据采集。设备集成光学传感器，房颤识别准确率达98%，效率是传统监测的4倍。

采用异常预警模型。华为健康平台通过LSTM分析睡眠呼吸数据，当血氧饱和度大于90%持续10秒时自动预警，降低心血管事件风险。

使用个性化干预方案。AI根据血压波动曲线生成精准用药方案，使高血压患者达标率达到85%。

2. 应用落地：从“疾病治疗”到“健康维护”的转变

糖尿病管理。智能手环联合AI营养师使精化血红蛋白平均降低1.2%，效果是原来的3倍。

肿瘤早筛。基于可穿戴数据的AI模型对肺癌早期预警准确率达82%，较传统体检提前6~12个月发现异常。

术后康复。患者佩戴智能护膝，AI步态分析使关节活动度恢复速度大幅提升，二次手术率下降25%。

2023年，西藏日喀则市16岁少女卓玛因先天性心脏病生命垂危，北京阜外医院启动远程手术方案。

5G影像传输。心脏MRI经AI预处理生成3D血管模型，标注直径3mm的室间隔缺损位置。

机器人操作。达芬奇机器人以0.2mm精度完成补片缝合，AI规避心脏运动干扰。

术后监护。智能手环监测血氧、心率，AI触发远程会诊，调整抗凝药物。

（四）落地指南：医疗机构部署 AI 的“三维实施法”

1. 远程医疗：构建“云—边—端”协同网络

在基础设施方面，部署 5G 医疗专网（端到端时延小于 20 毫秒），建立区域影像云平台集成 AI 预处理模块。

开发 AI 辅助会诊系统，设置三级响应机制，为县域医院提供轻量化 AI 诊断终端。

2. 手术机器人：打造“培训—操作—维护”闭环

在技术部署方面，优先在泌尿外科、妇科引入达芬奇 Xi 系统，配套 AI 路径规划软件，学习曲线缩短 50%。

在人才培养方面，开发 VR 模拟训练系统，医生通过 100 多例虚拟手术掌握技巧，考核标准为组织损伤率小于 5%。

3. 健康管理：构建“数据采集—分析—干预”生态

设备层：选择 NMPA 认证可穿戴设备（准确率大于 95%）；部署社区健康驿站集成 AI 问诊机器人。

平台层：搭建区域健康数据中台，整合多源数据；开发慢性病管理 App，内置 AI 决策引擎动态调整方案。

AI 在医疗领域的突破，本质是重新定义“时间、空间、精度”。远程医疗突破地理限制，让专家触手可及；手术机器人突破人体操作极限，误差控制在毫米级；健康管理突破疾病治疗边界，实现健康维护。医疗机构需要通过分层部署（基层轻量 AI、三甲深度模型）、协同网络（区域数据共享）、人才升级，让技术融入诊疗流程。未来，随着脑机接口与量子计算的融合，AI 将从“辅助工具”进化为“诊疗生态核心”，让优质医疗资源如“水电”般普惠可及，回归“以人为本”的医疗本质。

第五章

AI经济为智慧城市建设注入新活力

一、城市规划新思维：AI在交通、能源、环境领域的应用

在城市化进程中，交通拥堵、能源使用低效、环境污染等“城市病”情况日益严峻。AI 通过实时数据感知、智能算法优化与跨领域协同，重塑了城市规划的底层逻辑：在交通领域，AI 让道路网络具备“自主思考”能力；在能源领域，AI 构建动态平衡的智慧能源生态；在环境领域，AI 成为污染治理的“数字哨兵”。这些创新推动规划思维从经验驱动转向数据驱动，从局部优化转向系统协同，为破解城市可持续发展难题提供了全新路径。

（一）智能交通：从“拥堵治理”到“流动赋能”

1. 动态信号灯让道路学会“实时决策”

传统的交通信号灯依赖固定配时方案，无法应对动态车流，导致路口等待时间浪费率达 40% 以上。AI 通过“传感器 + 边缘计算 + 强化学习”构建智能信号系统。

数据采集。部署毫米波雷达、视频摄像头等设备，实时采集车道流量、车速等 200 多条维度数据。

实时处理。边缘计算节点生成路口热力图，强化学习算法动态调整信号配时，使绿灯利用率提高 35%。

例如，在深圳福田区“智能路口”项目中，早高峰通行时间缩短 22%，主干道通行效率提高 30%。

在更复杂的场景中，AI 支持区域级协同控制：当检测到某路段突发拥

堵时，系统自动联动周边 500m 内的 3 个路口延长绿灯时长，形成“动态绿波带”，使应急车辆通行效率提高 40%。

2. 全域流量调度：构建“会呼吸的交通网络”

AI 通过多源数据融合实现全域流量优化。

杭州“城市大脑”接入交通摄像头、出租车 GPS 等 10 多万个数据源，构建交通数字孪生模型。当商圈停车位饱和度超过 80% 时，系统自动触发 3 项联动策略（如调整信号灯优先级），使商圈拥堵时长大幅降低。

京东物流“青龙系统”利用深度学习预测订单热点，结合实时路况规划配送路线，使北京城区配送时效提高 15%，车辆空驶率下降 20%。

2024 年，上海徐汇区的李女士发现通勤体验发生质变：过去每天 7:30 出门常遇堵车，如今 7:45 出门反而更准时。AI 交通系统通过传感器工作实时捕捉车流，当某路段车速低于 15km/h 时，系统自动延长绿灯时长，并推送拥堵预警。系统运行 3 个月后，徐汇区主干道平均车速提高 18%，早高峰拥堵指数下降 23%。系统还根据李女士的通勤习惯推送“错峰出行建议”，通行效率再提高 20%。

（二）能源管理：从“粗放供给”到“智能共生”

1. 智能电网构建动态平衡的能源生态

传统电网依赖人工调度，峰谷负荷差达 40%，可再生能源弃电率高达 15%。AI 通过“源—网—荷—储”全环节智能化重构能源流。

发电侧：光伏电站 AI 预测系统根据气象数据预测发电量，精度达 92% 以上。

输电侧：优化算法实时调整线路负载，降低线损 3%~5%。

用电侧：智能电表实时采集用户数据，通过负荷预测模型引导错峰生产，使电网峰谷差缩小至 25%。

例如，在苏州工业园“零碳园区”项目中，AI 系统整合分布式光伏、储能电站和楼宇用电数据，通过博弈论算法优化能源分配，使园区综合能耗降低 18%，可再生能源利用率提高到 35%。

2. 需求侧响应：让每个用户成为能源节点

AI 通过用户行为分析，实现精准需求响应。

在深圳“智慧家庭”试点中，系统通过智能插座采集家庭用电数据，结合用户习惯，生成个性化节能方案，使单个家庭日均用电成本下降 12%。

上海“虚拟电厂”聚合 500 多个工商业用户的可调负荷，当电网峰值预警时，系统自动调节负荷达 50 万千瓦，相当于新建一座中型发电厂的调节能力。

在荷兰鹿特丹“能源区块链”项目中，居民通过 AI 平台自主交易屋顶光伏电力，交易效率提高 30%，交易成本降低 25%。

这种“去中心化”的能源管理模式正在改变供需关系。

（三）环境监测与治理：从“事后处理”到“实时预警”

1. 传感器网络搭建：建立全域环境感知“神经网”

传统环境监测依赖稀疏站点，数据更新滞后 4~6 小时，盲区覆盖率达 30% 以上。AI 推动监测网络向高密度、多维度升级。

例如，重庆部署 2000 多个微型空气质量传感器，实时采集 $PM_{2.5}$ 等 8 项指标，结合气象数据，构建三维污染扩散模型，扬尘污染定位精度从 500 米优化至 50 米。

南京秦淮河水质传感器实时监测溶解氧等参数，当某河段溶解氧低于 4mg/L 时，系统自动追溯上游 3 千米内的工业排放数据，锁定可疑企业，污染事件响应时间从 2 小时缩短至 15 分钟。

2. 污染治理：AI 成为“数字治污专家”

AI 通过数据挖掘，实现精准治污。

空气监测系统分析 10 年空气质量数据，发现建筑施工扬尘与 $PM_{2.5}$ 浓度的相关性数值达 0.78。通过智能摄像头实时监测防尘措施实施情况，发现违规行为自动触发三级响应，工地扬尘投诉量大幅下降。

在广东佛山陶瓷园区，AI 能耗监测系统分析窑炉温度等 300 多个参数，优化燃烧曲线，使氮氧化物排放降低 22%，单窑能耗下降 15%。

（四）落地指南：城市规划的 AI 应用“三阶实施法”

1. 数据基建：构建城市级数字孪生底座

多源数据融合平台整合交通、能源、环境等数据，建立统一时空坐标系，并采用华为云、阿里云等成熟平台，降低 90% 的数据对接成本。

在交通路口、变电站等部署边缘服务器，实现 80% 的实时数据本地化处理，确保响应延迟时间小于 50 毫秒。

2. 算法定制：打造场景化智能引擎

在交通领域，采用混合深度强化学习算法（如 DDPG），仿真训练后，接入实时数据微调，信号灯优化效率提高 25% 以上。

在能源领域，部署博弈论优化算法，实现发电侧、电网侧和用户侧的利益均衡。

在环境领域，构建多模态深度学习模型（如“CNN+LSTM”），污染预测准确率提高到 92%。

3. 协同机制打造：建立跨部门智能决策规则

城市 AI 运营中心整合交通局、供电局、环保局数据，建立跨部门协同规则，参考杭州“城市大脑”模式，实现 30 多个部门数据实时共享。

部署开发市民端 App，开放实时数据查询口并收集反馈，形成“政府—企业—市民”三角协同。

AI 重新定义城市规划的核心逻辑，当交通信号灯能自主适应车流、能源网络能动态平衡供需、环境治理能精准溯源干预时，城市成为具备自我调节能力的有机生命体。对于城市管理者，关键是打破部门壁垒，构建“数据采集—智能分析—自动响应”的闭环，让 AI 从工具升级为城市规划的“数字智囊”。未来，随着量子计算与数字孪生技术的突破，AI 将进一步提供城市系统的全周期模拟与预演，使规划决策从“应对问题”转向“预见未来”。这不仅是技术的进步，还是城市发展理念的根本变革——让数据智能成为城市可持续发展的核心驱动力。

二、AI技术安防智盾筑牢监控与预警系统的安全防线

在城市化加速与安全风险复杂化的背景下，AI 技术成为城市安防体系的核心支撑。通过发挥人脸识别、行为分析、智能报警等核心功能，AI 不仅实现了从“被动监控”到“主动防御”的升级，还构建了覆盖事前预警、事中处置、事后追溯的全链条安全防线。本节将从技术原理、实际应用与实战案例出发，解析 AI 如何重塑城市安防的底层逻辑，展现其在提升公共安全、预防犯罪、优化应急响应等方面的革命性价值。

（一）人脸识别：从“模糊识别”到“精准定位”

1. 多模态融合的技术突破

传统安防依赖人工筛查或简单图像对比，准确率受限于分辨率与角度大小。AI 驱动的人脸识别技术通过使用深度学习算法，实现了三大核心突破（见表 5–1）。

表5-1　人脸识别技术多模态融合突破与实战效果

技术突破维度	对比内容		
	核心技术与原理	典型案例	效果提升数据
深度学习模型优化	基于CNN的深度模型（如ResNet、FaceNet），提取800多个面部特征点，支持多角度识别	深圳某社区部署3D结构光摄像头，融合红外与可见光数据	普通场景识别准确率为99.7%，夜间场景识别准确率也达到98.5%以上
多源数据融合	整合身份证芯片、门禁系统、手机信令等多维度数据，构建动态数据库	杭州“城市大脑”接入20万个摄像头，日均处理10亿次比对	2023年，协助警方破案率同比提高40%，在逃人员识别响应时间小于100毫秒
活体检测与防伪	眨眼检测、虹膜动态追踪等生物特征动态验证技术	某银行安防系统应用该技术识别虚假身份认证	虚假认证事件大幅下降，金融场景身份核验通过率达到99.98%

2. 从“事后追踪”到“实时防控”

在深圳福田区的“孔雀蓝”安防项目中，AI人脸识别系统实现了三重应用升级。

重点区域布控。在机场、地铁站部署800个智能摄像头，对30万/天的客流进行实时筛查，3秒内完成“黑名单”比对，2022年成功拦截涉恐人员17次，是传统人工筛查效率的21倍。

动态身份核验。社区门禁系统集成人脸识别与步态分析，自动识别住户异常行为（如尾随进入、频繁出入敏感区域），2023年该区域入室盗窃案同比下降65%。

失踪人口追踪。AI人脸识别系统接入公安数据库，对全市2000多名失联人员进行特征匹配，2023年协助找回失踪儿童32人，平均耗时从72小时缩短至8小时。

（二）行为分析：AI构建动态安全“数字哨兵”

1. 异常行为的智能识别机制

AI通过构建“正常行为模型”，实现对异常事件的精准预警。

时空轨迹分析。利用 LSTM 神经网络学习人群流动规律，当某区域聚集人数超过阈值 30% 且停留时间超 5 分钟时，自动触发“聚集预警”。在某活动中，该技术提前 20 分钟识别判断潜在拥挤风险，避免 3 处踩踏隐患。

动作模式识别。基于 3D 骨骼关键点检测技术，实时分析肢体动作。深圳某工业园区部署的系统，能识别“翻越围栏”“异常拖拽”等 12 种危险动作，2023 年工业安全事故预警准确率达 95%。

群体异常检测。采用孤立森林算法识别群体异常，如 2024 年北京某商场内，系统通过分析 200 个监控画面的人群速度、方向一致性，提前 5 分钟预警突发冲突，警方到场时间缩短 40%。

2. 犯罪预防的前置化部署

在成都“蓉盾”工程中，AI 行为分析系统实现“三级预防体系”。

一级预警（风险识别）。通过网吧、KTV 等场所的摄像头，识别“多人频繁深夜聚集”“携带异常物品”等 20 种风险行为，2023 年预警涉黑聚集事件 27 起，是人工巡逻效率的 4 倍。

二级研判（轨迹追踪）。整合共享单车、网约车数据，对可疑人员 72 小时内轨迹进行建模，发现某犯罪团伙频繁出入五金店与废弃仓库，提前 3 天锁定作案人员。

三级联动（应急响应）。与消防、医疗系统对接，当识别出“烟火燃烧”“跌倒不起”等场景时，在 10 秒内同步通知多部门，2023 年火灾响应时间缩短至 5 分钟。

（三）智能报警：系统从“人工响应”到“自主决策”升级

AI 驱动的报警系统打破“发现—上报—处理”的传统链条，构建“感知—分析—决策”闭环。

数据采集层：部署毫米波雷达、热成像传感器、物联网烟感设备，实时采集 100 多条维度数据。例如，北京城市副中心的智能井盖系统，通过压力传感器与 AI 算法，在 0.5s 内识别井盖位移异常，2023 年处理井盖故障事件效率提高 80%。

智能判断层：采用集成学习模型（如“XGBoost+Transformer”），过滤 90% 以上的误报。某小区传统系统月均误报 30 次，引入 AI 后降至 2 次。

联动处置层：对接公安、消防、交管系统，根据风险等级自动触发响应。深圳某写字楼的 AI 消防系统，能区分“香烟烟雾”与“火灾浓烟”，2023 年误报率从 40% 降至 5%，同时联动电梯自动停靠于底层，门禁释放消防通道。

在某安防项目中，智能报警系统实现三重创新。

多维度风险评级。结合人流量、历史案件数据、天气因素（如暴雨导致井盖丢失），动态调整报警阈值。2024 年台风期间，系统自动提高低洼路段的井盖监测频率，提前预警 23 处井盖缺失，避免 5 起伤亡事故。

无人化处置闭环。对于“电动车违规充电”等低风险事件，自动触发物业 App 通知业主；对“持械闯入”等高风险事件，同步推送现场视频至 300 米内的巡逻机器人，2023 年该区域物业响应时间从 15 分钟缩短至 3 分钟。

预案自优化机制。通过分析 5 万条历史报警数据，系统自动优化报警规则。例如，系统发现深夜“单人长时间徘徊”事件实际有效警情数占比达 65%，遂将该时段的监测灵敏度提升 40%，2023 年该时段盗窃案发生率下降 55%。

（四）AI 筑牢千万级人口城市的“安全神经”

2023 年 10 月，上海某大型商圈发生一起疑似尾随抢劫预警事件，完整展现了 AI 安防系统的全流程效能。

1. 数据采集

入口处的3D摄像头捕捉到一名戴口罩男子多次尾随独行女性，步态分析显示其步频异常（较普通行人快20%），且频繁躲避摄像头视角。

2. 智能研判

系统对比该男子近3天的行动轨迹，发现其每日19~21点在3个商圈内重复出现，符合“犯罪预踩点”模型，自动将其标记为“高风险目标”。

3. 联动处置

实时向300米内的巡逻机器人发送坐标，同步推送预警信息至商圈安保中心。安保人员在5分钟内抵达现场，发现该男子携带管制刀具，系统成功阻止一起预谋案件发生。

在此次事件中，AI系统的“异常轨迹识别+动态风险建模”能力，使传统安防的“事后追查”变为“事前拦截”，成为千万级人口城市安全的核心屏障建立者。

（五）三步搭建AI安防系统

1. 数据层：构建多模态感知网络

设备部署。在重点区域安装4K智能摄像头（支持人脸和步态识别）、毫米波雷达（检测人员密度）、物联网传感器（监测井盖、消防设施状态），建议每50米部署一套设备，覆盖80%以上的公共区域。

数据治理。采用Apache Flink进行实时数据清洗，过滤无效噪点（如树叶晃动、光影变化），确保有效数据占比超95%。

2. 算法层：分层部署智能模型

在基础模型部署方面，使用开源Face Recognition库（如FaceNet）搭建人脸识别模块，训练数据包含不同光照、角度、年龄等10万种样本，确保基础识别准确率达到98%。

在进阶模型部署方面，部署“LSTM+CNN”融合模型进行行为分析，重点训练“奔跑”“聚集”“物品遗留”等20种异常行为，建议采用迁移学习，在公开数据集（如UCF101）基础上微调，降低训练成本。

3. 应用层：构建联动响应体系

预警分级。设定三级响应机制（黄色预警——人工复核、橙色预警——机器人巡检、红色预警——直接报警），通过利用Grafana可视化界面实时监控，确保30秒内完成风险分级。

生态对接。打通公安110、消防119、社区物业系统，开发标准化API接口，实现“报警—定位—处置”闭环。建议优先对接政务云平台，利用其成熟的安全认证与数据共享机制。

AI技术正重新定义城市安防的“安全阈值”。当人脸识别精度突破99%、行为分析误报率降至5%以下、智能报警响应时间压缩至10秒时，城市安全保障便能实现质的飞跃。对于城市管理者而言，关键在于打破“数据孤岛”，构建“感知设备—智能算法—应急网络”的全链条体系，让AI不仅成为监控工具，还能成为城市安全的“数字免疫系统”。随着边缘计算与联邦学习的深化应用，未来AI安防将向“自进化、自决策”的无人化安防系统演进，为千万级人口城市的安全运行提供终极解决方案。

三、公共服务蝶变：AI驱动智慧医疗、教育与养老服务创新

（一）智慧医疗：从“病急乱投医”到“精准健康守护”

在贵阳市南明区的某个社区里，72岁的李奶奶体验了一场特殊的诊疗。她对着智能音箱描述“最近总觉得心慌”，AI导诊系统立即分析症状，并同步预约了省人民医院心内科的主任医师号。半小时后，家中的健

康监测手环自动上传了她的血压、心率数据，医生远程调阅后提前开出心电图检查单。这一幕，正是 AI 重构医疗服务的缩影——从被动诊疗到主动健康管理，从资源错配到精准匹配，AI 正在重塑医疗生态。

1. 打破时空壁垒的“云端诊室”的远程问诊

在贵州某县人民医院的远程医疗中心，主任医师王医生通过 5G 网络为山区患者会诊。在屏幕上，200 千米外的乡镇卫生院传来患者的 CT 影像，AI 辅助诊断系统同步标注出肺部结节的可疑区域，并提示“与 2022 年影像对比，体积增大 15%，建议活检”。这种“AI 预诊断 + 专家复核”的模式，让基层医院疑难病例确诊时间从 3 天缩短至 2 小时。

（1）技术支撑：多模态数据融合

腾讯觅影等系统整合电子病历、影像数据、实时监测数据，利用深度学习模型实现疾病预判。以肺癌筛查为例，AI 对肺结节的检出率达 97%，较人工阅片效率提高了 4 倍，且能识别 2mm 以下的微小结节。贵州全省接入该系统后，基层医院早期肺癌发现率提高 60%。

（2）场景创新：全流程闭环服务

“AI 问诊—在线开处方—药品配送”全流程闭环服务已覆盖 80% 的常见病。患者通过微信小程序描述症状，AI 生成初步诊疗建议，连接执业医师审核后开具电子处方，药品可在 2 小时内送达。这种模式使慢性病复诊效率提高 50%，基层医疗机构门诊量增长 30%。

2. 智能导诊：智能助手破解“挂号难”

在上海某医院的门诊大厅，85% 的患者不再依赖人工导诊。AI 导诊机器人“小医”通过语音交互，能根据“左侧胸痛放射至左臂”等症状，精准推荐心内科或心外科，并实时显示各科室候诊时间。更关键的是，系统整合了医院 HIS 系统和患者电子健康档案，如识别到患者有糖尿病史，会优先推荐问诊科室。

（1）症状——疾病知识图谱

系统构建了包含 2 万种症状、5000 种疾病的知识图谱，通过自然语言处理解析患者描述，准确率达 89%。某三甲医院将该系统引入后，科室挂号错误率从 25% 降至 6%，患者平均候诊时间缩短 40 分钟。

（2）数据驱动的持续优化

每天新增的问诊数据被用于训练模型，不断修正罕见病推荐逻辑。例如，通过分析“青少年关节痛 + 皮疹”的高频组合，系统新增“风湿免疫科”推荐，使相关疾病漏诊率下降 35%。

（二）智慧教育：从“千人一面”到“千人千智”

在深圳市某实验中学的课堂上，数学老师张老师查看了 AI 学情分析报告。在全班 36 名学生中，5 人在“函数图像”章节学习中存在理解偏差，系统自动推送了 3 种不同难度的练习题和动画讲解视频。这是 AI 驱动的个性化教学的改变——从统一施教到精准育才，从经验教学到数据驱动，教育正走向“因材施教 2.0”阶段。

1. 个性化学习平台应用：为每个学生定制成长路径

Knewton 平台的 AI 算法能分析学生的答题轨迹，识别知识薄弱点。上海某中学使用后，数学成绩标准差缩小，即学生成绩离散度降低，两极分化矛盾缓解。系统还能根据“空间想象力强但计算粗心”的特质，为学生推荐侧重逻辑训练的游戏化课程。

（1）动态测评技术

通过使用项目反应理论模型，实时评估学生的能力水平。当学生完成一道几何题时，系统不仅判断对错，还能解析其思维路径——是辅助线添加错误，还是定理应用偏差，从而推送针对性训练。某试点学校的实验数据表明，这种精准干预使知识点掌握周期缩短 30%。

（2）跨模态学习支持

针对英语学习者，AI 生成与课文场景匹配的虚拟对话环境。输入“机场值机”，系统生成 3D 场景，用户通过语音交互完成值机流程，AI 实时纠正发音和语法错误。这种沉浸式学习使口语流利度大幅提升，远超传统课堂的练习效果。

2. 教师的“数字助教”——智能教学辅助

在广州某小学的作文课上，AI 批改系统分析了学生作文《我的梦想》。系统不仅标注错别字和语法问题，还能识别情感倾向——某学生多次使用“孤独”“迷惘”等词语，自动将学生标记为心理关注对象。教师据此开展一对一沟通，使班级心理异常识别效率提高 70%。

（1）多维度评价体系

数学作业批改不再局限于答案对错，AI 能分析解题步骤，识别“思路正确但计算失误”的学生，避免因偶然错误打击其学习积极性。某中学引入多维度评价体系后，教师作业批改时间减少 60%，得以将更多精力投入教学设计。

（2）资源智能调度

系统根据教师备课需求，自动从教育资源库中匹配课件。输入“浮力原理”，生成包含动画演示、实验视频、分层习题的一体化教案，备课效率提高 50%。统计数据显示，使用 AI 辅助的教师，创新教学方案产出量增加 40%。

（三）智慧养老：从生存照护到品质生活

在杭州某智慧养老院，78 岁的陈爷爷在 AI 护理机器人的协助下完成晨间服务：视觉识别调整助行器高度；语音交互定制早餐；健康监测床垫实时追踪睡眠数据。这种“机器 + 数据 + 服务”的深度融合，正在重新定义养老内涵——从被动响应到主动关怀，从基础照护到健康管理。

1. 智能护理：科技赋能照护升级

Pepper 机器人的情感交互使老人降低孤独感，压力传感器将跌倒预警时间提前 30 分钟，上海某养老院引入后，意外事故大幅下降。南京某社区通过多传感器融合，分析老人步数、饮食、血压数据，生成健康建议，高血压患者的血压控制达标率提高 40%。

2. 健康监测：数字盾牌主动防御

北京某智慧社区为 65 岁以上老人配备智能手环，连续监测发现某位老人凌晨心率异常后，自动触发三级预警机制，确诊早期心力衰竭并提前 48 小时救治。基于 10 万条数据训练的 AI 模型，能识别 30 种异常生理模式，通过步态与睡眠指标变化，提前 6 个月预警阿尔茨海默病（准确率达 82%）。上海“AI 健康管家”对糖尿病患者实行闭环管理，糖化血红蛋白达标率提高 55%，并发症发病率下降 30%。

（四）实操指南：构建 AI+公共服务生态的三大路径

表5-2　AI驱动公共服务生态的三大实施路径

应用领域	对比内容	
	核心路径	具体措施与成效
医疗领域	三级协同体系	基层终端：部署AI诊断一体机，自动解读基础检查，基层诊断准确率提高40% 数据中台：医疗数据互通（如深圳连通200家机构），转诊效率提高70% 患者工具：推广集成自查、提醒、预约App，用户活跃度为65%，复诊率下降25%
教育领域	数据驱动闭环	智能测评：引入自适应学习平台，覆盖30%的班级，知识点掌握周期缩短30% 教师赋能：使用Gradescope系统（20%人工复核），教师周工作时长减少15小时，作业批改效率提高60% 家校协同：开发家长端学情模块，每周15分钟数据解读会，家长参与度提高40%

续表

应用领域	对比内容	
	核心路径	具体措施与成效
养老领域	硬件+服务生态	适老硬件：部署健康监测床垫、智能药盒（误时提醒准确率达95%），政府补贴降低企业运营成本 分层服务：设计三级服务包（杭州试点服务利用率提高80%），覆盖不同养老需求 家庭培训：开发VR护理系统，上海培训1.2万名照护者，事故处理能力大幅提升，照护效率提高50%

当AI导诊为李奶奶匹配精准诊疗时，当智能床垫为陈爷爷预警健康风险时，这些场景活动揭示着公共服务范式的深刻转变。AI不是取代人力，而是重构服务生产关系——在医疗领域成为医生的“超级助理”，在教育领域化身“个性化导师”，在养老领域成为“科技守护者”。

推动这场变革需要构建“技术—制度—人文”三角支撑。政府需要建立公共数据共享机制（如医疗数据互通），企业需要研发有温度的适老技术（如研发情感交互机器人），社会需要培育人机协同新认知（如接受AI诊断具有可靠性）。当技术红利与人文关怀共振，智慧城市将构建有温度、有精度、有广度的生活共同体，这正是AI经济赋予城市的最深层活力。

第六章

智慧教育与付费知识经济中AI的创新应用

一、知识付费市场现状剖析与未来发展趋势洞察

在上海某写字楼里，32岁的金融分析师韦先生打开手机里的“知否”App，他点开AI推荐的“美联储加息周期下的资产配置策略”课程。这个场景提示着知识付费市场的深层变革：从野蛮生长的“知识焦虑收割”，到技术驱动的“精准价值交付”，AI正在重塑万亿级市场的底层逻辑。

（一）市场发展：从规模扩张到结构优化的深层变革

1. 规模数据：从爆发式增长到稳健发展

艾媒咨询数据显示，2024年中国知识付费市场规模达6800亿元，是2019年的3.2倍，年复合增长率为26.3%。尽管增速较早期（2016—2018年超50%）有所放缓，但市场进入“质量提升期”。用户付费率从2017年的32%提高到2024年的58%，人均年消费额突破1200元。

结构内容呈现明显分化：职业教育类（35%）、个人成长类（28%）、兴趣技能类（22%）占据前三甲。“得到”App的“商业分析30讲”累计销售150万份，反映出职场人士对硬核知识有旺盛需求；而灵犀平台的“AI绘画实战课”月销30万份，显示兴趣消费的技术化转向。值得注意的是，“轻知识”产品（单课时小于30分钟，单价小于50元）占比达65%，契合碎片化学习趋势。

2. 用户动机转变：从焦虑驱动到价值认同

问卷网对1.2万名付费用户的调研显示，核心需求动机发生显著变化：“缓解焦虑”的动机占比从2018年的45%降至2024年的22%。30~45岁人群贡献72%的消费额，其中企业中层（45%）、自由职业者（23%）、创

业者（18%）构成付费主力。

消费行为呈现“理性化”特征：用户平均每周花 4.2 小时筛选课程，超 60% 的用户会查看课程的“AI 学情分析报告”。

（二）用户需求深层解码：找到三大核心痛点与技术破局

1. 信息过载下的决策困境——选择成本高

“知否”App 的用户行为分析显示，用户在课程详情页停留约 8 分钟，需对比 3.2 个同类产品才能决策。传统推荐算法依赖“浏览历史 + 点赞收藏”，导致产生“信息茧房”。

AI 破局点为使用动态知识图谱技术。“得到”App 的“知识大脑”系统，构建包含 1500 个细分领域、8 万条知识关联的图谱，能识别用户的“隐性需求”。

2. 学习效果模糊，投入产出难衡量

传统课程往往用“学员评价”“播放量”作为效果指标，但用户真正关心的“能力提升”难以量化。

AI 破局点为使用智能测评体系。腾讯课堂的“学习力诊断系统”，通过模拟真实工作场景的 AI 测评，生成能力提升报告。使用该系统的学员复购率比普通用户高 55%。

3. 内容供给滞后，个性化需求难满足

当现代职场人追求“游戏化学习”、宝妈群体需要“碎片化带娃知识”时，传统课程生产周期（平均 6~8 周）难以响应。

AI 破局点为使用生成式内容工厂。喜马拉雅的 AIGC 课程生产线，能根据用户调研数据，自动生成课程大纲，使课程开发效率提高到原来的 9 倍。

（三）技术驱动趋势：AI 重构知识付费的三大核心逻辑

1. 需求匹配：从“人找知识”到“知识找人”的精准进化

（1）动态用户画像系统运作

“得到”App 的 AI 模型每 15 分钟更新一次用户画像，包含“认知风格”

（如偏好视觉化学习、逻辑推导）、“应用场景”（如通勤时段学习、碎片时间复习）等 27 个维度。当检测到某用户在地铁场景频繁收听课程时，系统自动降低需要图文配合的内容推荐数，将音频课程的推荐权重大幅提升。

（2）跨平台数据融合

“荔枝”App 打通用户在微信读书的阅读记录、豆瓣的兴趣标签、Keep 的运动数据，构建“全场景知识需求模型”。模型发现“坚持晨间跑步 + 阅读商业图书”的用户，更倾向于购买“精力管理 + 领导力”组合课程，相关转化率提高 35%。

2. 学习体验转变：从“单向灌输”到“智能交互”的范式革命

（1）AI 学习伙伴

网易云课堂的“小易助手”能模拟真实导师。当用户提问“合并报表编制”时，系统不仅提供文字解析，还生成动态 Excel 演示文件，并同步推送 3 道相似练习题。当用户连续 3 次答错，AI 会调整讲解方式，使知识点掌握效率提高 40%。

（2）虚拟实训场景

高顿教育的 CPA 备考系统，构建“虚拟会计师事务所”场景。用户处理虚拟企业的月度账务，AI 实时审核凭证，并模拟合伙人提问。这种沉浸式学习使通过率从 28% 提高到 45%。

3. 商业模式转变：从“标准化产品”到“个性化服务”的价值升级

（1）订阅制 2.0

“得到”App 对于“知识会员”引入 AI 定制服务。用户支付年费后，系统每周生成专属学习计划，包含 3 门主修课、2 个实践任务、1 次能力测评。AI 会根据用户的学习进度，动态调整内容。

（2）效果付费模式

“开课吧”推出“学习课程”。学员报名“PMP 认证课”时，先支付

30%的基础费用，通过AI模拟考试达到85分以上再支付剩余费用。系统每日提供AI刷题训练、错题归因分析、考点预测，使学员通过率达92%。

（四）实操指南：知识付费参与者的破局策略

1. 内容生产者：构建“技术＋场景”双驱动体系

（1）AI辅助内容开发

使用Notion AI生成课程大纲。输入“跨境电商运营”，系统自动拆解为“选品策略—流量获取—供应链管理”三大模块，每个模块推荐3个真实案例。

借助Flomo浮墨笔记的AI标签系统，对用户提问进行聚类分析，快速开发专项课程，开发周期从4周缩短至7天。

（2）场景化产品设计

针对“通勤学习”场景，设计“15分钟音频＋思维导图＋即时问答”的轻量化产品；针对“周末深度学习”场景，提供“视频课程＋模拟实操＋社群讨论”的沉浸式套餐。

2. 平台运营者：打造“数据智能”核心竞争力

（1）搭建三层AI架构

表6-1　知识付费平台三层AI架构

架构层级	对比内容			
	核心组件	技术建议	具体工具/案例	关键指标
底层	知识图谱系统	采用开源图谱降低开发成本	清华大学“知源”开源图谱（覆盖800多个细分领域）	领域覆盖范围大于800个，实体关联准确率大于95%
中层	用户需求预测模型	多模态数据融合提升预测精度	Transformer结合强化学习组合（提前72小时预判热点）	需求预测准确率大于85%，热点捕捉延迟小于2小时
上层	智能交互界面	集成成熟AI插件快速落地	OpenAI ChatGPT插件（24小时智能答疑）	响应率大于92%，复杂问题解决效率提高60%

（2）构建效果验证体系

开发“学习ROI计算器”。用户输入课程费用、学习时长，系统结合同类学员的薪资提升数据、技能认证通过率、岗位晋升案例，生成预期回报分析。

3. 普通用户：掌握AI时代的学习主动权

（1）善用智能筛选工具

使用“课程匹配度评分”，选择包含学习成果可视化、案例适配度、更新频率的三维评分元素体系。

启用AI试听助手，如在喜马拉雅长按课程片段，系统自动分析语速、口音、知识点密度，生成“适合通勤”“专注学习”等场景学习建议。

（2）建立数字化学习档案

通过使用Obsidian构建个人知识库，自动同步各平台的学习记录，如课程笔记、测评结果、实践案例等。AI会定期生成“能力雷达图”，帮助用户精准补短板。

AI不仅是效率工具，还是价值重构的催化剂。它让知识供给从“经验驱动”走向“数据智能驱动”，让学习过程从“被动接受”变为“主动建构”，让价值衡量从“模糊感知”转为“精准量化”。

未来的知识付费市场，不会是简单的技术叠加，而是需要构建“内容+算法+场景”的共生生态。内容生产者要成为“AI协同创作者”，平台运营者要转型为“智能价值连接器”，用户则要进化为“数字能力建构者”。当技术红利与人类智慧形成共振，知识付费将超越商业形态本身，成为个体在不确定时代的“能力锚点”。

二、知识创发新篇：AI助力知识创作与分发，兼析AIGC版权争议案例

在杭州某文创工作室，插画师林小羽反复调整 AI 生成的插画细节。输入“赛博朋克风格的雨夜街头”后，Midjourney 生成的初稿已具备完整构图，但她仍需优化人物光影层次。这个场景折射出 AI 时代的创作悖论：当算法能高效产出内容时，人类创作者的价值如何界定？当 AI 生成物广泛传播时，版权归属又该如何厘清？

（一）AI 重构知识创作：从工具革命到范式转型

1. 创作技术的颠覆性突破

（1）文本生成从辅助到共创

通过解析千亿级文本数据，掌握语言逻辑与风格特征。某财经作家使用 AI 生成《2024 年新能源汽车产业链分析》初稿，系统自动整合行业报告与数据，生成的市场分析部分准确率达 92%，效率提高 60%。更关键的是，AI 能模拟特定写作风格——输入“吴晓波财经评论体”，生成文章在句式结构和数据引用习惯上匹配度超 85%。

（2）视觉创作算法驱动的革命

Stable Diffusion 等工具通过使用深度学习算法，构建“文本—图像”转换神经网络。设计师输入“莫奈风格的 AI 实验室”，系统自动融合科技元素与印象派笔触，生成作品月下载量超 20 万次。在视频生成领域，RunwayML 工具将广告制作周期从 7 天缩短至 4 小时。

（3）多模态创作：打破媒介边界

Multimodal-GPT 实现“AI 导演”功能。输入剧本大纲后，系统自动生成分镜、匹配音效，并生成 3D 角色动画。某独立电影团队使用该工具完成短片《数据之眼》的制作，AI 生成镜头占比达 60%，成本显著降低。

2. 创作模式的深度变革

人机分工新范式：人类主导创意构思与情感表达，AI 处理数据密集型任务。悬疑作家利用 AI 生成 40% 的犯罪场景描写，但核心情节仍由人工设计，创作周期缩短 30%，且保留文学深度。

在 UGC 升级上，小红书博主使用 AI 生成探店文案，系统自动结合定位数据与用户风格生成推荐语，显著提高互动率。在知识付费领域，“AI 课程助手”使课程完课率从 68% 提高到 82%。

（二）智能分发：算法构建精准知识管道

1. 推荐算法的技术逻辑

（1）三层数据编织模型

在底层数据方面，采集 200 多条维度用户行为数据，构建动态兴趣图谱。如网易云课堂通过分析错题率判断用户知识薄弱点。

在中层算法方面，协同过滤算法发现跨领域关联，深度学习模型动态调整推荐权重。

在上层应用方面，实时反馈机制使误推荐率下降 45%。

（2）效果与挑战

喜马拉雅 AI 系统使长尾内容曝光率提高 200%，但过度依赖历史数据，导致“信息茧房”问题产生。例如，某科技博主连续浏览 AI 内容后，错失 70% 跨领域学习机会。

2. 分发场景推送的智能化演进

场景化推送。通勤时段推送音频微课，夜间推荐体系化课程。“荔枝”App 根据耳机使用时段过滤视觉内容，音频点击率提高 60%。

社交化创新。微信读书“AI 共读助手”分析用户批注，自动生成专家解读视频，使章节讨论活跃度提升到原来的 3 倍。

（三）AIGC 版权争议：在技术红利与法律之间寻找平衡点

1. 典型案例点明算法产出的权利困境

2023 年，摄影师陈墨起诉某 AI 绘图平台，称其作品被侵权使用。法院发现平台训练数据包含未授权作品，但难以证明直接复制。此案暴露以下 2 个核心问题。

（1）版权归属困境

权利主体模糊：美国拒绝登记纯 AI 作品版权；欧盟倾向赋予用户“邻接权”，但收益分配机制缺失。

存在数据合法性争议：在 Stable Diffusion 训练数据中，12% 未获授权，引发集体诉讼。法律对于“大规模数据训练是否属合理使用”无明确规定。

存在创作主体性争议：在 AI 生成音乐被起诉案件中，法院以“缺乏创作意识”驳回，但行业对“机器作者”的讨论持续升温。

（2）侵权界定难题

电商平台使用 AI 生成模特图被指侵犯肖像权，法院因“非直接复制”难以定罪；小说生成器产出情节重合度达 35%，但现有工具对创意相似度识别率不足 60%。

2. 应对策略——构建协同治理体系

表6-2　AIGC版权争议的三维协同治理体系

治理维度	对比内容		
	核心措施	技术/法律工具	实施成效与案例
技术层面：全链路版权管理	区块链存证：为AIGC作品生成唯一哈希值。 加数字水印：添加不可见技术标识	腾讯云“至信链”（司法采信率为92%）； Adobe Firefly（自动水印技术）	作品登记时间从72小时变为2小时，侵权查处效率提高70%（如图片侵权追溯周期缩短至48小时）

续表

治理维度	对比内容		
	核心措施	技术/法律工具	实施成效与案例
法律层面：填补制度空白	立法明确权责：公开训练数据来源、标注AI创作属性、司法实践界定版权归属标准	《生成式人工智能服务管理暂行办法》；北京互联网法院“AI文生图第一案”判例	中国AI创作标注合规率达85%，但用户版权认定仍需细化（如“人类创造性贡献”判定原则待统一）
行业与伦理层面：建立共生生态	在分级授权机制上，编制数据许可池和创作者分成伦理指南，标注AI辅助比例，提升内容透明度	Shutterstock数据许可池（摄影师合规授权率达95%）；OpenAI伦理指南（建议标注“AI辅助比例”）	创作者收入分成模式覆盖70%的素材平台，用户对AI内容辨识度大幅提升

（四）实操指南：创作者的破局之道

1. 内容创作者：善用工具而不失主体性

（1）建立人机协作流程

在创意激发方面，使用ChatGPT生成多版本大纲，选择创新方向，如职场文章选题命中率提高40%。

在版权合规方面，通过“Copyscape AI查重”确保原创度超70%，使用合规平台获取商用素材。

（2）强化人类价值

在AI初稿基础上，注入个人经验。财经作者添加调研案例，使可信度提升；插画师加入手工细节形成独特风格，提升溢价能力。

2. 平台运营者：技术合规双引擎

（1）开发透明化生成系统

默认标注“AI生成内容”，提供数据来源查询功能，提升平台信任度。

（2）开发版权工具

集成区块链登记与智能合约，自动触发收益分成机制，减少版权纠纷成本。

3. 普通用户：提升数字素养

（1）理性使用 AI 内容

分享时标注“AI 辅助创作”，避免直接商用未授权内容。

（2）版权共治

通过平台举报机制反馈侵权内容，支持 CC 协议内容。

当林小羽为 AI 插画添加签名时，她在元数据中注明：“Midjourney 辅助生成，人工优化占比 35%。”这个细节标志着创作者与技术的新型关系建立——在明确权责的基础上协同进化。AI 带来的不仅是效率提高，还是对知识生产关系的重塑。从“独占创作”到“分布式共创”，从“权利模糊”到“技术赋能的版权清晰”。

未来的创作史将是人类与 AI 的共生史。当开发者肩负伦理责任、立法者构建弹性框架、创作者坚守独特价值时，就能在智能时代构建可持续的知识生态——让 AI 成为知识海洋的风帆，让每次技术进步都成为人类创造力提高的阶梯。

三、在线环境构建：AI驱动在线教育平台，打造个性化学习体验

在成都某高中校区，高二学生小陈因数学薄弱长期陷入“听懂却不会做题”的困境。在“智学云”平台上，AI 系统基于 3 次“立体几何”章节的低正确率数据，自动推送定制化 3D 几何模型课程。3 个月后，她的数学成绩从 72 分跃升至 98 分。这一案例揭示了 AI 对在线教育的深度重构：从“标准化课程堆砌”转向“形成数据驱动的个性化学习生态”。

（一）智能课程推荐：从“经验匹配”到“数据精准推送”

1. 算法驱动的三层推荐体系

（1）动态学情建模技术应用

“智学云”平台采集学生 200 多条维度数据（课堂答题时间、作业正确率、视频回放次数等），构建动态知识图谱。针对陈雨桐“立体几何”模块停留时间远超均值且错题集中于“空间向量应用”，系统判断其抽象空间理解薄弱，优先推荐 3D 建模课程，使知识点掌握效率提高 55%。

（2）混合推荐算法协同增效

群体行为分析发现“83% 的物理成绩优异者会选修工程制图课”，实现跨学科推荐。

知识点标签匹配，将《高考数学压轴题解析》拆解为 127 个标签，精准匹配学生知识薄弱点。某高三学生非主动搜索课程点击率是原来的 3 倍。

（3）实时情境感知的动态调整

根据学习时段智能切换策略：晚间深度学习，复杂课程推荐权重提高 60%，搭配“知识点脑图”；在通勤时段，推送 15 分钟微课程（如“圆锥曲线速解技巧”），碎片时间利用率提高 40%。

2. 案例实证：分层推荐效果显著

北京某中学使用“自适应学习系统”后，学生自主选课准确率从 62% 提高到 89%；薄弱知识点匹配时间从 45 分钟缩短至 3 分钟；中等生尝试高阶课程比例从 18% 增至 45%。

（二）学习进度跟踪：构建全维度数据驱动的成长坐标系

1. 多模态数据采集技术

（1）行为轨迹深度捕捉

系统记录 12 类行为数据（如鼠标点击热力图、视频暂停节点、草稿纸拍照解析）。某学生频繁放大几何图形局部，系统判定其依赖视觉辅助，提高动态模型展示频率，解题速度提升 30%。

（2）能力评估智能推送

通过 IRT 模型实时评估知识掌握度，解析错误类型（公式记忆错误为 15%、逻辑断层为 40%、计算失误为 45%）。某初二学生“因式分解原理理解薄弱”，系统推送原理动画和梯度练习，知识点通过率从 52% 提高到 88%。

（3）情感状态感知

摄像头捕捉微表情（如皱眉频率、凝视时长）和语音语调变化，识别学习疲劳或挫败情绪。某学生做题的正确率下降且皱眉频率增加，系统自动插入复习卡片，效率恢复 92%。

2. 数据驱动的动态干预

智能错题归因。将错题分类为“概念模糊”“方法错误”“粗心失误”，如某学生“公式混淆”占比 60%，系统推送推导动画，同类错误复发率下降 70%。

发挥进度预警机制。设定知识点滞留阈值，如某学生“数列求和”停留超 48 小时未突破，触发教师介入，结合 AI 建议生成辅导方案，章节通关时间缩短 22 小时。

（三）智能辅导系统使用：从“机械反馈”升级为“认知陪伴”

1. 智能答疑的技术内核

（1）自然语言处理深度理解

科大讯飞“智学助手”通过 BERT 模型解析语义，区分“求导计算”与“导数定义”。学生提问“如何用导数求极值”，系统不仅给出步骤解析，还关联“微分中值定理”。

（2）知识图谱推理应用

构建 800 万个知识点的关联图谱，实现跨章节推理。学生询问“面面垂直证明”，系统自动调取“线面垂直—面面垂直”逻辑链，并推送高考真题案例。

（3）多模态交互实时反馈

支持文本、语音、手写公式输入，并输出动态演示解答。某学生上传手写错题，系统在 10 秒内识别错误步骤，生成三维解析图并推荐同类题，几何题平均得分从 6 分升至 9.2 分。

2. 辅导效果的实证数据

在即时响应方面，常规问题在 30 秒内解答，复杂问题在 5 分钟内响应。

在学习效率提高方面，学生课后答疑时间降低 45%，教师重复工作量下降 60%。

在个性化提升方面，数学难点模块的正确率平均提高 35%。

（四）实操指南：构建个性化学习的三重引擎

1. 学生端：善用智能工具，实现主动学习

（1）定制化学习路径规划

使用“学习力诊断工具”，每 2 周生成能力雷达图，明确优劣势模块。

启用“智能错题管家”，按错误类型和难度分类，设置间隔复习提醒，记忆留存率提高 40%。

（2）多模态交互工具组合

语音提问附加“场景标签”（如“通勤时理解不深”），系统简化解答语言并增加案例类比。

手写板输入公式，触发“步骤解析 + 易错点标注”，几何题梳理效率提高 50%。

2. 教师端：数据驱动精准教学

（1）智能学情管理系统

通过“班级知识热力图”实时查看薄弱点分布，一键调用 AI 生成差

异化教案。

利用“智能作业批改工具”识别共性错误，生成专项提升方案（如英语作文“虚拟语气误用”占比超30%，推送语法微课）。

（2）人机协同辅导策略

设定“AI初筛+人工复核”机制，简单问题由系统处理，复杂问题由教师解析，辅导效率提高3倍。

使用“学生状态预警面板”，对连续3天学习时长骤降者触发自动关怀，返学率提高28%。

3. 平台端：构建技术赋能的生态体系

（1）三层架构技术方案

数据层：部署联邦学习系统，整合多源数据（作业、测评、题库），如华为云教育数据中台。

算法层：融合Transformer与知识图谱，实现知识点准确率超90%。

应用层：开发“智能学习助手”App，集成推荐、解析、预警等功能，参考“智学云”模块化设计。

（2）效果验证与迭代机制

建立“学习ROI评估模型”，提高知识吸收效率，引入AUC指标；实施“用户反馈闭环”，每周分析10多万份交互日志，通过强化学习优化推荐策略，满意度保持在92%以上。

AI驱动的教育平台任务本质是构建“数字教育孪生体”，将知识图谱、学习习惯、情绪波动转化为可计算参数，使教育从“经验驱动”进化为“数据智能服务”。技术打破地域与资源壁垒：偏远地区学生获得名校级支持，薄弱学科学习者拥有专属“AI私教”，知识获取的“马太效应”被稀释。

技术的终极价值并非替代教师，而是解放教育本质。当 AI 承担重复性工作时，教师得以聚焦情感引导与批判性思维培养。教师通过系统预警介入的深度沟通，帮助学生突破心理障碍，正是人机协同的最佳实践。技术构建知识高速公路，人类点亮方向盘上的明灯。未来，在线教育平台的 AI 应用将“去技术化”，AI 将成为融入全流程的“智能学伴”——记忆解题习惯、预判学习瓶颈、模拟导师引导。当个性化学习成为标配时，教育将从“标准化生产”走向“个性化生长”。这不是 AI 对教育的颠覆，而是技术向教育本质的回归：让每个学习者在数据智能滋养中，成长为独一无二的自己。

四、硬件智变：AI技术赋能智能教育硬件，革新学习工具

在杭州市某中学的智慧课堂上，初二学生星星用智能笔在课本上书写数学公式，电子笔记实时同步至云端；课后，她的平板自动推送“二次函数”薄弱点微课——这是 AI 赋能教育硬件的日常情景。当硬件与 AI 深度融合，学习工具从被动载体进化为主动赋能的“智能学习伙伴”，重构知识获取与能力培养的底层逻辑。

（一）智能学习平板：从“电子书包”到“AI 学习管家”

深圳南山实验学校使用 32 台智能平板进行实时互动教学。数学老师布置几何题后，AI 通过 OCR 扫描手写答案，不仅能判断正误，还能标注“辅助线逻辑漏洞”等具体问题。这类平板已超越传统工具，成为集成诊断、推荐与交互的“可成长学习伙伴”。

1.AI 驱动的核心功能矩阵

表6-3　智能学习平板AI核心功能与技术成效

功能模块	对比内容		
	核心技术与原理	典型案例	效果提升数据
智能作业批改与知识定位	深度学习算法识别，NLP构建语法规则库（200万篇范文对比）	科大讯飞T20 Pro平板含1200种语法规则和5000个句型库	英语作文得分平均提升15%，逻辑结构分析覆盖率达90%，同义替换词推荐准确率达85%
动态知识图谱与个性化路径	动态知识图谱追踪学习轨迹，基于IRT模型的三级干预机制	优学派平板：连续错解触发“动画课—变式题—周测重点”三级推送	知识点掌握周期缩短30%，学习效率提高40%，个性化推荐匹配度达92%
多模态交互与沉浸式学习	“图像识别+3D建模+语音评测”，支持书本指学与动态演示	华为MatePad教育版：书本指学识别单词，口语陪练实时评测发音	口语流利度提升，多模态交互使知识点留存率提高28%

2. 硬件与算法的协同进化

智能平板的核心竞争力来自硬件与算法的深度融合。深圳某中学实测显示，使用平板的班级作业提交率达 98%，教师备课时间减少 40%，因为 AI 承担了 70% 的基础批改与分析工作。

（二）智能笔：从“书写工具”到“数据采集中枢”

1. 学习过程的数据精准采集

笔迹追踪与认知建模。智能笔内置 9 轴传感器，采集 20 多条维度数据（如笔压、速度）。数据显示，AI 通过 20 万次书写数据训练，建立 120 种解题行为模式，使知识薄弱点定位准确率从 65% 提高到 89%。

多端同步与错题管理。智能笔支持离线书写和在线同步，自动分类标注重点。连续两次错解“一元二次方程”后，系统生成同类题并按艾宾浩斯曲线推送复习计划，使错题复发率下降 60%。

2. 教育场景的深度适配

智能笔设计贴合教育需求，0.5mm 的超细压感笔头还原真实书写体验，

12小时续航满足全天使用。教师端平台可查看全班书写数据热力图。深圳某校数据显示，教师课后辅导效率提高50%，学生整理笔记时间减少30%。

（三）智能音箱：从“语音助手”到“沉浸式语言教练”

在英语课堂上，学生通过智能音箱进行口语训练。跟读时，系统实时捕捉发音细节，生成绕口令练习。这种多模态交互重新定义语言学习的沉浸场景。

1. 精准识别与情景模拟

智能音箱搭载降噪技术和神经网络，语音识别率达98%，内置3000多个场景对话库，支持“机场值机”等情景模拟。北京某国际学校实测显示，学生3个月口语流利度提升45%。

2. 个性化方案生成

智能音箱基于用户画像调整难度：初级者进入“慢速模式”，高级者探索文化背景。在碎片化学习场景下，15分钟对话练习与传统课堂30分钟学习等效，词语记忆效率提高30%。

3. 场景化学习的深度渗透

智能音箱价值在于场景创新：“AI情景实验室”支持角色扮演，“双语百科”关联跨学科知识。广州某中学实验表明，学生课外自主学习时间每周增加5.2小时，语言应用能力大幅提升。

（四）技术融合催生新学习工具

当平板的AI诊断、智能笔的数据采集与智能音箱的语音交互协同时，一个“硬件即服务”的生态已然成型。深圳某公司数据显示，整合三类硬件使知识点掌握效率提高40%，增强学生的学习动力。

1. 实操指南：智能硬件的高效使用策略

数据流转。智能笔采集书写数据，平板生成错题本，智能音箱语音复盘，形成“手写—诊断—强化”循环。例如，推荐使用科大讯飞生态套装，错题复发降低60%。

时间管理。设定每日15分钟AI诊断时间，睡前口语测评，次日计划生成，课本重点标注。

2. 精准选择硬件组合

数理学科学习配置公式识别笔和3D演示平板（如“罗博笔+华为MatePad”）。

语言学习配置智能音箱和OCR平板，实现“听力—口语—文本”闭环，推荐每日30分钟情景对话。

3. 数据驱动的个性化推荐

定期查看平板“AI能力雷达图”，触发专项练习推送。选择支持联邦学习的设备（如科大讯飞），在确保数据安全的前提下，实现个性化推荐。

4. 场景化应用技巧

课堂记笔记。启用智能笔“关键词捕捉”和平板生成“一键脑图”，整理时间减少50%。

碎片化学习。智能音箱的“智能闹钟”设定早晚10分钟单词速记，日均词语新增25%。

5. 教师与家长的协同角色

教师端：通过平台查看书写热力图，精准设计分层作业，备课效率提高60%。

家长端：App监控学习数据，设置“专注度预警”和“错题分析”，孩子自主学习时间日均增加40分钟。

当平板成为“移动知识实验室”、智能笔化作“数据采集末梢”、智能音箱变身“语言伙伴”时，教育硬件已共同进化为“AI学习生态系统”。其价值在于构建“采集—分析—干预”闭环，让学习可量化、可追溯、可优化。打破设备应用边界，构建端云协同网络。教育者和家长则需要借助数据洞察，提升指导精准度。技术红利与教育本质的深度融合，终将让智能硬件成为激活学习潜能的催化剂，这是 AI 赋能教育的终极使命。

五、教育智辅：个性化学习与智能辅导，AI赋能知识付费教育新体验

成都某高校的高二学生小林在“立体几何”章节连续三次小测不及格，传统网课的标准化内容让她感到挫败。直到加入“智学云”AI 辅导课程，系统通过分析她的作业错题、课堂互动数据和测试结果，为她定制了包含 3D 模型解析课、动态错题本和实时答疑的个性化方案。3 个月后，她的几何成绩从 62 分提高至 89 分。这个案例折射出 AI 在知识付费教育中的核心价值：从“千人一面”的标准化内容提供，到“千人千面”的智能辅助，技术重塑了知识付费的底层逻辑。

（一）AI 定制化学习计划：从经验驱动到数据智能转变的证明

在深圳某职场教育平台，32 岁的产品经理小张体验了 AI 制订的学习计划。系统根据他的工作履历、学习目标和碎片化时间，将“数据分析实战课”拆解为微模块，每个模块包含“理论讲解—案例分析—模拟实操”三个环节，并在通勤时段推送音频版核心知识点课程。这种精准适配，使他在 3 个月内掌握了 Python 数据可视化技能，成功跳槽到互联网大厂。这背后是 AI 对学习规划的三重技术重构。

1. 多维度学情诊断技术

（1）动态知识图谱

系统通过采集用户的 200 多条维度数据，构建动态知识图谱。以数学学科为例，系统自动标记薄弱环节，触发定制化学习路径。某平台数据显

示，这种诊断的精准度比人工分析高出40%。

（2）学习风格适配算法

通过机器学习分析用户交互数据，识别出“视觉型”“听觉型”“动手型”三种主要学习风格。语言学习平台“多邻国”的数据显示，适配各种学习风格的课程完成率提高35%。

2. 个性化内容生成技术

（1）动态资源库智能调度

AI系统整合千万级课程资源，根据用户学情实时生成个性化内容包。某平台的智能题库每天更新2000多道动态生成题，使学生接触的针对性题目数量是原来的3倍。

（2）自适应难度调节模型

通过利用IRT项目反应理论，系统实时评估用户当前的能力水平，动态调整题目难度。这种“螺旋式上升”的难度调节，大幅降低了用户的学习挫败感。

3. 动态调整策略

基于用户输入的学习目标，AI系统实时优化学习计划。当小张在模拟考试中发现薄弱模块时，系统自动增加对应领域的学习内容。这种基于强化学习的动态调整机制，使学习目标达成率提高30%。

（二）智能辅导的多元形态：从单向输出到双向互动的进化

在上海某职场英语平台，用户李娜与AI口语教练进行模拟商务谈判。系统实时分析她的语音语调、用词准确性和逻辑连贯性，当发现错误时，立即暂停对话并生成语法解析卡，同时推送相似场景的对话练习。这种即时反馈的智能辅导，提高了她的商务英语应用能力，展现出AI辅导的两种核心形态。

1. 实时在线辅导系统

（1）自然语言处理驱动的智能答疑

基于 BERT 模型的智能答疑机器人，能理解复杂问题的语义逻辑。某英语学习平台的数据显示，AI 答疑响应可以在 30 秒内完成，复杂问题解答准确率超过 85%。

（2）多场景多模态交互辅导

结合语音、文本、图像的多模态辅导，覆盖更多学习场景。在数学辅导中，学生拍摄手写解题过程图片，AI 通过 OCR 识别和步骤解析，生成动态演示视频。

2. 智能错题分析与干预

（1）错题归因与智能推送

系统通过机器学习分析错题数据，将错误归类，并生成变式题目。某数学平台的实践显示，这种精准归因使错题复发率从 45% 降至 18%。

（2）动态错题本与个性化复习

基于艾宾浩斯遗忘曲线，AI 系统为每个错题生成个性化复习计划。分析某教育平台的数据可知，使用动态错题本的学生，知识点记忆留存率比传统方法高 40%。

（三）AI 赋能的实践成效与体验价值重构

在“智学云”平台的用户反馈中，高三学生王浩的体验颇具代表性。他在物理“电磁感应”模块学习薄弱，AI 系统通过分析其作业和测试数据，识别出核心问题，推送专项课程包。一个月后，该模块正确率从 52% 提高到 88%。这种精准赋能，正从三个维度重塑知识付费的教育价值。

1. 成效数据与调研验证

（1）学习效率提高

据艾瑞咨询 2024 年报告，采用 AI 个性化辅导的知识付费平台，用户完课率平均提高 35%，学习时长缩短 25%。

（2）效果可视化提升目标感

智能系统生成的“能力雷达图”实时显示用户在 12 个核心维度的进步。在某考证类平台的用户调研中，92% 的学习者认为可视化报告提升了学习目标感。

2. 用户体验的转型

（1）从“被动接受”到“主动建构”

AI 辅导通过实时反馈和动态调整，使学习过程从“课程驱动”转向“问题驱动”。根据某 IT 教育平台的数据可知，这种模式使学习者的问题解决能力大幅提升。

（2）情感化支持学习

系统通过学习行为数据识别学习挫败信号，自动触发鼓励机制。语言学习平台“多邻国”的实验情感化干预，使用户放弃率下降 22%。

3. 教师与家长的协同策略

（1）教师端数据应用

通过在智能教育平台的教师后台，教师可以实时查看全班学生的“错题热力图”，快速定位共性难点，针对性设计专题直播课。

（2）家长端监督工具

通过配套的家长 App，家长可以查看孩子的“学习专注度曲线”，当出现低互动状态时，远程发送提醒通知。

（四）实操指南：AI 辅助教育的高效应用策略

1. 个性化学习计划制订技巧

（1）多维数据输入

明确学习目标颗粒度，详细填写短期和长期目标，触发系统的目标拆解算法。“智学云”平台要求用户细化目标到具体技能点级别，使学习计划匹配度提升 60%。

（2）动态调整策略

定期激活诊断功能，触发 AI 重新分析近 7 天的数据，生成新的能力图谱。遇到不匹配的内容时，及时使用平台的“反馈按钮”优化后续推荐。

2. 智能辅导工具高效使用法

（1）错题管理三步法

三步法：即时标注与归因；启动变式训练；设定复习闹钟。某数学平台数据显示，该操作使同类题正确率提高 55%。

（2）多模态交互技巧

语音输入优化。在语言学习中，使用智能音箱的“情景对话”功能，触发系统生成对话脚本，并开启“实时纠错”模式。

图像识别辅助。在数学学习中，拍摄手写解题过程并上传至智能平板，利用 AI 图像识别技术自动解析步骤。

当 AI 将个性化学习计划精准嵌入知识付费体系，将智能辅导渗透到学习全流程时，教育的本质发生微妙而深刻的变化。知识获取从“大海捞针”变为“按需获取”；学习体验从“自我摸索”变为“智能陪伴”。对于学习者而言，关键在于善用 AI 的诊断与推荐能力，构建“目标—数据—行动”的闭环；对于知识付费平台，核心是平衡技术理性与教育温度，让算法不仅能解析错题，还能激发学习动力。当技术真正成为撬动教育公平与效率的杠杆，知识付费将超越商业形态，成为每个人在智能时代的“能力成长伙伴”。这正是 AI 赋能教育辅助的终极图景。

六、教师转型：AI时代教师的五维能力构建与新使命

在上海市某中学课堂上，数学教师李老师使用“智学云”AI 教学平台进行课堂互动。当她在屏幕上拖放几何图形时，系统实时生成 3D 动态演示，台下学生通过智能平板同步查看分解步骤。课后，平台自动分析 52 份作业数据，标注出 12 个高频错误点，为李老师定制差异化辅导方案。从传统教案撰写到 AI 辅助教学设计，李老师的教学日常折射出教师角色的深刻变化。当 AI 承担数据处理与知识传递的标准化工作时，教师从“知识搬运工”转型为“能力建筑师”，在技术赋能下重构教育价值。

（一）技术应用与教学设计：从工具使用者到学习体验架构师

在深圳某实验学校，物理教师史老师将“虚拟实验室”系统应用到教学中。他通过使用 AI 图像识别技术，将学生在纸质试卷上绘制的电路图自动转化为数字模型，系统实时诊断错误并生成改进建议。这种技术融合正成为 AI 时代教师的核心能力之一。

1. 技术应用能力

（1）基础工具操作能力

教师需要掌握智能备课平台、学情分析工具、课堂互动工具的使用。例如，教师在“AI 课程生成器”输入教学目标后，系统可在 10 分钟内生成完整教案，效率比传统备课提高 40%。

（2）数据驱动决策能力

通过教育大数据平台分析学生的答题轨迹、视频观看时长等数据，识

别“假学会”现象。通过分析发现，一些学生在“二次函数”章节存在“公式记忆熟练但应用迁移薄弱”的问题，有针对性地设计专题课，使该模块通过率从65%提高到88%。

（3）技术融合创新能力

结合VR/AR技术打造沉浸式课堂，如历史教师利用“元语智能”平台生成虚拟历史场景，学生通过手势交互与虚拟历史人物对话。

2. 教学设计能力

（1）动态学情转化能力

将AI生成的学情报告转化为具体教学策略。例如，针对“阅读速度慢”问题，设计“限时速读+关键词高亮”训练模块，结合眼动分析技术，实时反馈学生的视觉停留热点。

（2）个性化内容生成能力

利用AI工具生成差异化学习包，如为“视觉型”学生提供知识脑图，为“听觉型”学生配置音频微课。某平台的数据显示，个性化内容使学生的课程完成率提高25%。

（3）跨模态整合设计能力

将AI生成的文本、音频、视频等资源整合，打造出沉浸式学习场景。例如，物理教师结合“NOBOOK虚拟实验室”AI模拟功能，设计“电路故障排查”任务。

（二）学生指导与伦理引导：从知识传授者向价值守护人转变

在广州某职业技术学校，计算机教师李涛指导学生使用AI代码辅助工具。当学生在完成编程作业中遇到“循环语句逻辑错误”时，他引导学生通过AI代码审查工具定位是否存在问题，再结合具体案例讲解算法逻辑。这种“授人以渔”的指导方式，体现了AI时代教师指导能力的根本转变。

1. 学生指导能力

（1）AI 工具使用能力

教会学生熟练运用智能学习工具，如通过“科大讯飞 AI 学习机”的错题解析功能，引导学生理解“概念模糊”与“计算失误”的区别。

（2）信息筛选与批判思维培养能力

指导学生识别 AI 生成内容是否具有可靠性，避免“信息茧房”弊端，如在历史课上，教师展示 AI 生成的不同版本的“工业革命影响”分析，引导学生对比数据源和发现逻辑漏洞。

（3）人机协作训练能力

培养学生适应“AI 辅助，人类主导”的协作模式，如在编程课上，要求学生先用 AI 代码助手生成初稿，再手动优化逻辑框架。

2. 伦理意识引导能力

（1）数据安全与隐私保护能力

指导学生理解学习数据的价值与存在风险，如在使用智能学习平板时，讲解权限设置中的“数据采集范围”，避免生物特征的过度授权。

（2）算法公平与批判性思维培养能力

引导学生识别 AI 推荐中的潜在偏见，如在历史课上，对比不同 AI 生成的“工业革命影响”分析，指出数据来源偏差导致的结论差异。

（3）学术诚信与技术伦理准则培养能力

建立“AI 辅助学习”的明确规定，如规定“作业中 AI 生成内容占比不得超过 30%”，并通过使用区块链技术记录学习过程，防止“机器代写”等作弊行为发生。

（三）技术学习与新使命：从经验积累者成为生态进化者

在某师范大学的教师培训课堂上，52 岁的语文教师周老师学习如何使用 AI 工具辅助教学设计。尽管拥有 30 年教龄，她仍定期参加 AI 教育培训，将生成式 AI 技术融入古诗文教学，开发出“虚拟诗人对话”互动模块。

1. 学习能力

（1）技术迭代跟踪能力

建立“AI 教育技术雷达”，定期扫描行业动态，如关注“教育技术开发者大会”等平台，标记 3~5 个关键技术。

（2）跨学科知识融合能力

打破学科壁垒，将 AI 技术与学科特性结合使用，如数学教师学习 Python 数据分析，用于讲解概率模型。

2. 新使命与价值

（1）情感陪伴与人格塑造

当 AI 承担知识传递的标准化工作时，教师的核心价值转向情感连接与人格培养。例如，通过“AI 学情报告”发现学生存在学习挫败感，主动发起一对一谈心，帮助其重建学习信心。

（2）创新思维与问题解决能力培养

设计“AI 辅助探究式学习”项目，如让学生使用 AI 工具收集数据、提出假设，再通过小组辩论验证。

当 AI 能够精准诊断知识漏洞、生成个性化学习方案时，教师的价值锚点发生了根本性迁移——从“知识容器”进化为“能力孵化器”，从“标准执行者”转型为“教育生态构建者”。实践证明，AI 越是擅长数据处理与规则化工作，教师的人文价值越珍贵。基于情感洞察的个性化鼓励、在辩论中激发的批判性思维、在项目实践中培养的创新能力，这些都是机器永远无法复制的教育科学珍宝。

教师的新使命，在于构建“技术理性”与“教育温度”的共生生态。用 AI 工具打破知识传递的时空边界，用人类独有的同理心缝合技术与心灵间的鸿沟。当智能系统生成的学情报告与教师手写的鼓励便签并存，虚拟实验的精准数据与课堂上的眼神交互共振时，教育便真正实现了“技术赋能而不替代，数据驱动而不失温度”。

未来的教师，不再是知识河流的“摆渡人”，而是学习者心智海洋的“灯塔守护者”——他们用技术之眼洞察学习者的成长轨迹，用人文之光照亮认知盲区，在算法编织的知识网络中，为每个学习者锚定独特的成长坐标。这是AI时代教师转型的终极答案——让技术成为翅膀，让教育回归本质，让每个灵魂在智能滋养中实现独一无二的生长。

七、数字人赋能教育：AI数字人在教育领域的创新应用

在贵州省的一所山区小学，五年级学生谢咏跟着屏幕上的“小语老师”学习英语发音。这位不知疲倦的虚拟教师能精准识别谢咏的口语错误，用标准的发音示范“th”的咬舌音，同时通过表情、动画讲解单词背后的文化故事。课后，“小语老师”化身学习伙伴，在聊天中鼓励谢咏坚持练习。这展现了AI数字人对传统教育的深层改造的场景——当数字人突破屏幕界限，成为虚实融合的教育伙伴时，教育的时空边界与角色定位正在被重新构建。

（一）虚拟教师：从“数字镜像”到“智能导师”的进化

在深圳某国际学校的生物课堂上，虚拟教师“达尔文”向学生讲解细胞分裂。他通过使用动作捕捉技术模拟真人教师的手势，配合3D动画演示染色体分离过程，同时根据学生在智能平板上的实时答题数据，动态调整讲解节奏。当检测到37%的学生对“纺锤体形成机制”理解困难时，他

立即调取虚拟实验室模块，引导学生进行交互式模拟操作。这种融合数据感知与动态交互的教学模式，提高了知识传递的效率与深度。

1. 虚拟教师的技术实现与教学模式

（1）多模态交互技术的三重突破

表6–4 虚拟教师多模态交互技术突破与教学成效

技术突破维度	对比内容		
	核心技术与原理	典型案例与数据	效果提升
语音与情感合成	深度学习驱动语音合成，模拟音色与情感语调	科大讯飞“智教数字人”语音自然度达98%，情感识别准确率达85%	人机交互自然度提升，课堂互动参与度数据提高30%
视觉与动作建模	动作捕捉还原真人手势与肢体语言，支持场景切换	带肢体语言的数字人授课时，学生注意力保持时间延长25%	知识传递直观性提升，复杂概念理解效率提高20%
智能决策与学情适配	整合200多条维度教育数据，建立动态决策引擎，实时调整课程难度	数字教师自动插入基础微课，模块通过率从62%提高到89%	个性化教学适配度提升，学习瓶颈突破效率提高40%

（2）教育资源的全域重构

跨地域师资均衡化。山区小学引入的“小语老师”，通过5G网络实现实时互动，解决了80%的乡镇学校英语师资短缺问题。教育部数据显示，使用虚拟教师的偏远地区学校，学生英语及格率提高45%。

个性化教学规模化实现。虚拟教师通过分析学生的书写轨迹、语音交互数据，生成“学习风格画像”，为每个学生定制讲解方式。根据某平台的数据可知，这种适配使学生的知识掌握速度提升40%。

跨学科资源无缝整合。数字教师打破学科壁垒，自动生成跨学科融合课程包。例如，讲解“工业革命”时，同步调用历史事件时间轴、地理运输路线图等资源，形成立体知识网络。

2. 虚拟教师的教学优势

全天候知识答疑服务。学生可在课后随时唤醒数字教师进行答疑。上海某网校的“24小时数学答疑数字人”，响应速度是人工客服的4倍，解答准确率在85%以上。

标准化与差异化平衡。数字教师既能保持统一的教学标准，又能根据区域学情调整内容。例如，针对东北地区的物理课，增加“冰雪摩擦力”的本地案例，提高知识亲切感。

（二）数字学习伙伴：从“程序应答”到“情感共生”的进化

在北京市某所中学，初二学生昊阳与数字伙伴“小腾”进行英语对话练习。当他连续三次“现在完成时”用错时，“小腾”不仅纠正语法错误，还分享了一个趣味记忆口诀，并通过表情动画模拟真人教师的鼓励。这种兼具知识辅导与情感支持的交互，使昊阳的口语练习时长增加至2小时，并提升了口语流利度。数字人已从冰冷的程序进化为有温度的学习伙伴。

1. 多维度互动学习系统

语言学习深度赋能。数字伙伴通过语音识别与自然语言处理，实现“对话式学习”。根据某英语学习平台的数据可知，使用数字伙伴的学生，日均主动学习时间增加了75%。

知识薄弱点动态捕捉。通过分析学生的答题间隔、修改轨迹等数据，数字伙伴能精准定位薄弱点，并推送变式题。根据某初中数学平台的实践，这种动态捕捉使知识点掌握周期缩短了35%。

情感陪伴与动机维持。数字伙伴通过情感计算技术识别学习情绪，适时发送鼓励语音并调整难度。北京师范大学的一次调研数据显示，具备情感陪伴功能的数字人使学生的学习坚持率提高65%。

2. 数字伙伴的核心优势

非结构化知识传递。数字伙伴能结合生活案例生成个性化比喻。例如，将“函数映射关系”类比为“快递配送路径”，提高学生的理解能力。

跨模态记忆强化。通过“视觉图像 + 语音解析 + 动手实践”的多模态输入，增强记忆效果。某物理学习平台的数据显示，这种输入使知识记忆留存率提高 45%。

（三）技术瓶颈与伦理挑战：在创新中寻找平衡

在上海某国际学校的试点中，数字教师“爱丽丝”深受学生喜爱，但其在处理方言口音时出现 15% 的识别误差，同时在解释“批判性思维”等抽象概念时仍显机械。这些现象揭示了数字人教育应用的深层挑战。

1. 技术层面的瓶颈

自然交互的真实感局限。语音识别在复杂环境下准确率较低，情感计算技术仅能识别 7 种基础情绪，对复杂情绪的识别准确率不足 40%。

知识推理深度的局限。数字人依赖预设知识库，对开放性问题的解答能力有限，深度解析能力仅为人类教师的 60%。

2. 伦理挑战与价值重构

教育公平的隐性风险。数字人依赖高速网络与智能终端，可能加深“数字鸿沟”。30% 的乡镇教师认为数字人教学会减少师生情感互动。

算法推荐的“个性化”可能异化产生“信息茧房”。数字人过度强化学生的现有优势领域，可能导致“技术性偏科”。

人机关系的角色悖论。学生对数字人的依赖可能削弱批判性思维，并可能引发心理依赖风险。

3. 突破路径与发展前景

（1）技术优化策略

多模态融合升级。引入脑电波传感器等外设，获取更精准的学习情绪数据，将情感识别维度扩展至 15 种以上。

知识推理能力升级。构建跨学科知识图谱，训练数字人基于大语言模型的深度推理能力。

（2）伦理风险应对与偏科避免措施

建立数字人教育应用标准。明确“人机协作五原则”，如人类教师主导教学设计，数字人辅助知识传递等。

开发“反茧房”算法。在个性化推荐中强制插入10%~20%占比的跨领域知识模块，避免“技术性偏科”。

（四）实操指南：数字人教育应用的落地策略

1. 学校端：构建“人机协同”教学体系

（1）分层应用规划

在基础阶段引入数字人，承担标准化知识讲解，释放教师精力用于个性化辅导；在进阶阶段开发“双师课堂”模式。

使用“人机协同效果评估表”，动态优化应用方案。

（2）教师数字素养培训

开办“数字人教学工作坊”，培训内容包括数字人后台管理、突发情况处理等。

2. 学生端：培养“智能伙伴”使用意识

（1）建立“人机交互原则”，避免过度依赖

明确“数字人是辅助工具，而非依赖对象”，要求学生在使用后手动梳理关键步骤。

（2）使用情感陪伴功能

建议学生主动与数字伙伴进行交流，利用鼓励机制维持学习动力。

“小语老师”的微笑可以跨越山海，“小腾”的鼓励可以穿透屏幕，这些无不说明数字人正以技术的温度填补教育资源的鸿沟。尽管存在技术真实感的局限与技术伦理平衡的挑战，但数字人正在重塑教育的“供给侧结构”——让优质师资突破时空限制，使个性化学习触手可及，将情感陪伴融入技术交互。

未来的教育，不会是“数字人替代人类教师”的零和博弈，而是“人机共舞”的生态进化。数字人负责知识的精准传递与对数据的深度洞察，人类教师专注于价值的引领、情感的共鸣与创新的激发。当虚拟实验的数据流与教室黑板的粉笔共同勾勒知识的轮廓时，教育便有可能真正实现技术理性与人文关怀的完美共生。这是AI数字人赋能教育的终极图景。

八、教育创变：国内外智慧教育领域AI创新实践的精彩呈现

在深圳市南山实验学校，数学教师江月上了一节特殊的AI智慧课。学生手中的智能笔实时采集解题轨迹，屏幕上的AI学情仪表盘动态显示“二次函数图像变换”的正确率。当系统检测到23%的学生连续三次出现“顶点坐标计算错误”时，虚拟教师立即生成3个3D演示动画，同步推送至每个学生的平板。坐在教室后排的李昊然，通过这种“手写练习—智能诊断—精准推送”的闭环，在1个月内答题正确率从58%提高到89%。这个场景浓缩了中国智慧教育的创新实践，也折射出全球AI教育变革浪潮的到来。

（一）国内实践：技术赋能下教育均衡与效率变革

1. 深圳南山实验学校全场景AI智慧课堂生态

作为教育部“智慧教育示范区”的标杆校，南山实验学校构建了AI教学系统。

（1）课堂端的动态交互

智能笔实时采集书写数据，教师通过“智课系统”一键生成“课堂错题热力图”，精准定位共性难点，使课堂讲解效率提高40%。

虚拟教师“小南”承担基础概念讲解，如在物理课上利用AR技术模拟出“浮力实验”，学生戴VR眼镜拿取虚拟烧杯，系统实时反馈操作错误并生成原理解析，使抽象概念理解效率提高65%。

（2）课后端的个性化辅导

智能平板自动汇总课堂互动数据，生成“知识点掌握雷达图”，为每个学生推送定制化微课。英语薄弱学生收到“时态专题微课”，数学拔尖生则触发“竞赛拓展题”。

深圳教育云平台数据显示，该校学生课后无效刷题率下降60%，核心知识点掌握周期缩短了35%。

2. 贵州“阳光校园”：AI破解教育资源鸿沟

在贵州的乡村学校，“阳光校园”项目通过“5G+AI”实现教育均衡。

数字孪生教室。搭载北京四中教师教学风格的虚拟教师“小阳”，实时同步至一线城市课堂，解决80%的乡镇学校英语、数学师资短缺问题。项目覆盖后，学校英语及格率提高45%。

智能学情诊断系统。分析学生作业拍照、语音答题数据，生成“山区特色”学习方案，如增加本地学习案例，提升知识亲切感。

（二）国外探索：市场化驱动下开展个性化学习革命

1. 美国Knewton——算法驱动的自适应学习先锋

作为全球个性化学习的标杆，Knewton的AI系统已服务超2000多万名学习者。

（1）动态知识图谱技术

系统采集学习者200多条维度数据，构建包含12700多个知识点的动态图谱。当学生在“微积分导数”章节错题率较高时，系统自动降低难度，插入案例辅助理解，缩短掌握时间。

通过“贝叶斯知识追踪”精准预测知识点掌握概率，使学习目标达成率提高 30%。

（2）学习内容生成与推荐

基于自然语言处理技术，自动生成差异化学习内容，平台日均生成 50 万道个性化练习题，重复刷题率下降 70%。

2. 英国 Century Tech——AI 重构职业教育生态案例

在英国职业教育领域，Century Tech 通过“AI 教练 + 真实场景模拟”提高技能培训效率。

采用虚拟实训系统。建筑专业学生在 VR 环境中模拟施工流程，AI 实时诊断问题，生成安全操作指南。实训事故率下降 80%，技能考核通过率提高 55%。

就业导向的学习规划。结合劳动力市场数据，推荐“紧缺技能模块”，使毕业生起薪提高 25%，专业对口率达 92%。

中外智慧教育实践在技术路径与教育逻辑上的差异，见表 6–5。

表6–5　中外智慧教育实践特征对比

对比维度	对比内容	
	中国实践特征	国外实践特征
驱动模式	政府主导与学校试点（如“智慧教育”国家试点项目覆盖2万所中小学）	市场驱动与企业创新（如Coursera、Duolingo等商业平台主导）
核心目标	教育均衡（缩小城乡差距）与效率提高（课堂效率提高30%）	个性化学习（自适应算法覆盖率达70%）与商业价值优先
技术侧重	硬件整合（如部署华为教育平板超500万台）与区域数据中台建设	算法优化（如贝叶斯知识追踪模型）
场景落地	全学段覆盖（从小学到高中的智能教具渗透率为65%）	聚焦高等教育（MOOC平台注册用户超2亿人）与职业教育（Udemy企业培训课程增加40%）
数据应用	强调区域数据互通（如浙江省教育数据共享平台连通90%的学校）	注重用户画像精准度（如Quizlet基于10多万个学习行为标签优化推荐）

（三）实操指南：智慧教育创新的本土化落地策略

1. 学校端：构建“技术—数据—人”的协同体系

（1）终端设备高效协同

课堂端：选择支持数据互通的智能硬件，实现“智能笔书写数据—平板错题本改写—虚拟教师个性化推送”的闭环，提高课堂效率。

课后端：利用平台生成的“能力矩阵图”，每周召开 AI 学情分析会，设计混合式学习包。

（2）教师数字素养提升

参加“AI 教育应用工作坊”，掌握学情分析工具、内容生成工具的使用，使备课时间减少，课程个性化适配度提升。

2. 机构端：打造“场景化 + 市场化”的产品矩阵

（1）不同领域需求深度挖掘

开发“双师融合”产品，虚拟教师承担基础讲解，真人教师负责情感互动与批判性学习引导。

在职业教育领域，结合“1+X”证书制度，开发“岗位能力导向”的 AI 实训系统。

（2）数据安全与伦理合规

采用联邦学习技术，确保学生数据本地加密处理，既保护了隐私，又实现了个性化推荐。

3. 区域端：政府主导的教育新基建规划

分层推进智慧教育示范区。一线城市建设“AI 创新实验室”，县域地区部署“数字孪生教室”，快速补齐师资短板。

建立“技术应用效果评估体系”，动态监测技术落地实效。

从深圳校园的智能笔轨迹，到 Knewton 服务器的算法流转，全球智慧教育实践展现出技术路径的多元探索。中国积极推动技术普惠，让 AI 课堂教育走进山区小学；国外以市场活力驱动算法创新，使个性化学习覆盖职业教育。这些实践印证，智慧教育的核心在于让数据智能服务于教育本质。

未来的教育创变，需要使技术效率与人文温度在动态中保持平衡。用中国“系统整合力”破解资源鸿沟难题，借国外“市场创新力”激发技术活力，让AI成为学习者成长的智能伙伴。

第七章

LLM大规模语言模型的演进与多元应用

一、LLM技术探源：从起源到发展的历程梳理与原理剖析

在硅谷某创业公司的办公室里，工程师陈汐盯着屏幕上的代码发愁。他负责的智能客服系统需要理解用户的复杂咨询，但传统规则引擎对“快递破损理赔”这类模糊问题总是答非所问。直到团队引入基于 GPT-4 的对话模型，系统不仅能精准识别“赔偿流程”“责任界定”等关键词，还能根据用户情绪调整回复语气。这个场景折射出大语言模型（LLM）的技术跃迁——从早期的依循机械规则到如今的智能理解，LLM 的演进本质是对人类语言规律持续破译。

（一）语言模型的演进：从统计规律到智能涌现

1. 统计语言模型：基于概率的早期探索

21 世纪初，搜索引擎和机器翻译的兴起催生了第一代语言模型。N-gram 模型通过统计词频和共现概率预测下一个词，如预测“下雨天要带___”时，“伞”的概率远高于“书”。虽然这种模型简单高效，但是存在以下问题。

存在数据稀疏困境。遇到“量子计算原理”这类低频短语时，概率计算接近零，需要依赖平滑技术勉强应对。

存在视野局限。仅能捕捉 3 或 4 个词的局部依赖，对“虽然……但是……”这类长距离逻辑关系束手无策。例如，2003 年的 Google 翻译早期版本依赖 N-gram 模型，翻译“time flies like anarrow”时，曾闹出“时间苍蝇像箭”的笑话，暴露了语言模型对语法结构理解的缺陷。

2. 神经网络语言模型：分布式语义的突破

2001 年，Bengio 团队首次将神经网络引入语言建模，开启了分布式表示的新时代。Word2Vec、GloVe 等模型通过词嵌入将单词转化为高维向量，使“猫”和“狗”的向量距离远小于“猫”和“键盘”。循环神经网络（RNN）及其改进版 LSTM，通过记忆单元捕捉长距离依赖。例如，在处理“我昨天买了一本书，___（作者）是位科学家”时，能正确关联“书”与“作者”。

3. 预训练语言模型：从专项到通用的跨越

2018 年，BERT 的出现标志着“预训练 + 微调”范式的确立。这个“双向 Transformer 编码器”通过掩码语言建模（MLM）和下一句预测（NSP），在海量文本中学习通用语言规律。当微调于情感分析任务时，仅需数百条数据就能超越传统模型数千条数据标注的效果。

4. 大语言模型：从量变到质变的智能涌现

2023 年发布的 GPT-4，以 1.76 万亿参数和多模态能力（支持图文输入）开启新篇章。其“涌现能力”令人惊叹：能解析数学证明题的逻辑链条，生成符合格式的 LaTeX 公式；在法律文档处理中，自动识别“不可抗力条款”的适用场景。

（二）洞悉 Transformer 架构：解码语言的“数学之眼”

1. 自注意力机制：打破时序依赖的枷锁

Transformer 的核心是自注意力机制，其工作原理类似“多维度关联检索”。

Query-Key-Value 三重映射：每个词转化为三个向量，Query 负责“提问”，Key 负责“匹配”，Value 负责“输出”。例如，处理“苹果公司发布了新款 iPhone”时，“苹果”的 Query 会与“公司”的 Key 高强度匹配，从而关联商业实体而非水果含义。

并行计算优势：一次性处理整个句子的所有词，相比 RNN 的逐个处理，速度提升 20 倍以上。某 AI 写作工具使用 Transformer 后，生成千字文章的时间从 3 分钟缩短至 15 秒。

2. 多头注意力：捕捉语言的多重语义

Transformer 如同 6 个不同的"翻译官"同时工作，有的专注语法结构，有的关注实体关系，最终综合出全面理解。多头注意力通过 8~32 个独立注意力头，实现对语言的多维度解析。在处理"他把苹果吃了"和"他买了苹果手机"时，注意力头会分别捕捉"食物"和"品牌"的语义差异，避免歧义。

3. 位置编码：赋予模型"时序感知力"

由于 Transformer 本身不处理顺序，位置编码通过正弦函数为每个词注入位置信息。例如，"今天下雨"和"明天下雨"的位置编码不同，模型借此区分时间顺序。某天气预报系统使用位置编码后，对"未来三天""上周"等时间短语的解析准确率提高 40%。

4. 残差连接与层归一化：训练稳定性的保障

深层网络常因梯度消失难以训练，残差连接让梯度"抄近路"，层归一化则平衡各层输入分布。某研究团队训练 100 层 Transformer 时，未使用残差连接的模型在 30 层后准确率骤降，而引入残差连接的模型最终达到 98% 的文本分类准确率。

（三）预训练与微调：让模型从"博闻"走向"专精"

1. 预训练：在万亿文本中"读万卷书"

预训练是模型的"通识教育"，通过以下三项技术的使用积累通用能力。

掩码语言建模（MLM）。随机遮盖句子中的词（如"猫坐在___上"），训练模型预测缺失词，掌握词语关联。

因果语言建模（CLM）。GPT 系列的核心任务，通过"已知前文预测后文”，培养文本生成能力。

生成规模化力量。训练数据涵盖网页、书籍、代码，使模型学会法律、医学等领域的基础术语。某医疗 AI 通过预训练，能识别“房颤”“早搏”等 300 多个专业词语，为后续诊断打下基础。

2. 微调——在细分领域“术业专攻”

微调是模型的“职业培训”，通过少量数据标注实现领域适配。

（1）全参数微调与参数高效微调

早期全调需要更新所有参数，成本高昂。LoRA、QLoRA 等技术仅调整 1% 参数，如某银行风控模型使用 LoRA 后，显存占用从 1TB 降至 10GB，训练成本大幅减少。

（2）指令微调与对齐训练

用“请总结这段财报的核心风险”等指令数据训练，使模型理解人类意图。通过强化学习与人类反馈，纠正“幻觉”问题。例如，GPT-4 对“1900 年美国总统是谁”的错误回答率从 30% 降至 5%。

（四）实操指南：技术落地的关键路径

1. 模型选择的“三维评估”

表7-1　LLM模型选择的三维评估

评估维度	对比内容			
	核心考量点	具体建议与适用场景	典型模型/工具	优势解析
任务匹配度	模型功能与任务类型的契合度	文本生成在客服对话、文案创作中（侧重流畅性与创意）； 语义理解在法律合同审查、学术摘要中（侧重上下文逻辑）； 进行多模态任务在图文解析、视频脚本生成中（跨模态融合能力）	文本生成用GPT系列（如GPT-4）； 语义理解用BERT变体（如RoBERTa、ALBERT）； 多模态用GPT-4、LlamA3、Midjourney	按任务类型精准匹配，避免“大模型万能论”，如BERT在长文本理解上优于GPT

续表

评估维度	对比内容			
	核心考量点	具体建议与适用场景	典型模型/工具	优势解析
算力适配	团队算力资源与模型需求的平衡	中小团队适用轻量化模型（单GPU运行，成本低，部署快）； 企业级采用第三方API服务（避免自建算力，聚焦业务开发）	轻量化使用DeepSeek-67B、DistilBERT； 企业级使用阿里云通义千问、百度文心一言	中小团队节省90%算力成本，企业级方案将模型部署周期从3个月缩短至72小时
生态成熟度	模型周边工具与社区支持度	快速微调使用Hugging Face（支持PyTorch/TensorFlow）； 垂直领域用OpenAI插件（如WolframAlpha数学计算）、LangChain框架（流程自动化）	社区生态用Hugging Face Transformers库、Kaggle数据集； 工具链用LoRA微调技术、QLoRA量化工具	Hugging Face模型微调效率提高50%，OpenAI插件生态使专业领域任务开发难度下降

2. 微调实施的“五步法”

表7-2　LLM 模型微调实施的五步法

实施步骤	对比内容		
	核心任务	关键操作/工具	实施要点与效果
数据清洗	构建高质量训练数据集	剔除重复、错误、敏感数据人工复核标注，确保准确率大于95%（如Label Studio标注工具）	噪声数据剔除率达到80%，减少模型“幻觉”风险，提高微调基础质量
提示工作	设计引导性输入指令	结构化prompt设计，明确角色（如“律师”）、任务（如“合同修改回复”）、格式要求（如“分点列出修改建议”）	模型合规输出率提高60%，响应逻辑完整度从72%提高到89%
参数配置	优化微调技术方案	采用LoRA技术，对比全量微调效果	中小团队可低成本启动微调，避免算力资源浪费，适配消费级GPU（如RTX3090）

续表

实施步骤	对比内容		
	核心任务	关键操作/工具	实施要点与效果
迭代优化	持续提升模型性能	评估指标：BLEU（文本生成流畅度）、ROUGE（摘要相关性）、Truthfulness（事实准确性） 问题修复：针对“逻辑断裂”补充逻辑连接词训练数据，对于“事实错误”注入权威知识库（如维基数据）	经过3轮迭代，生成内容逻辑连贯率达92%，事实错误率从18%降至4.5%
安全部署	构建安全防护体系	部署平台：AWS SageMaker（全托管）、百度千帆（国产化适配）、Hugging Face Inference API 安全模块：启用内容过滤（如OpenAI Moderation API），设置敏感词库（支持自定义正则匹配）	敏感内容拦截率大于98%，符合等保三级标准，部署周期从传统方案的2周缩短至48小时

从 N-gram 的概率预测到 GPT-4 的智能涌现，LLM 持续突破“理解边界”。当 Transformer 的数学之眼穿透语言迷雾，预训练的通识教育邂逅微调的专业培养时，技术的复利效应正在重塑知识生产方式。例如，律师用 LLM 快速定位合同漏洞，医生用 LLM 解析复杂病历，教师用 LLM 生成个性化教案。

如何让模型更好地理解多模态信息？怎样降低训练的环境成本？当智能客服系统流畅应对用户咨询时，不仅是技术的胜利，还是人类对语言本质的持续探索成果。未来，随着稀疏注意力、动态专家混合等技术的突破，LLM 将不再局限于“理解语言”，而是成为连接现实世界与数字世界的智能桥梁。这是技术探索的终极意义。

二、语言智能秀场：LLM在自然语言处理领域的文本生成、问答等应用

传统人工翻译成本高且本地化表达生硬，而GPT–4不仅能精准捕捉“运动手表防水等级”“智能手环续航时长”等技术参数，还能根据目标市场自动调整语言风格——美式文案突出“户外冒险耐用设计”，日式文案强调“简约设计与实用性”。这展现了LLM在自然语言处理领域的深度赋能，实现从文本生成到跨语言交互的全场景应用。

（一）文本生成：从机械复制到创意涌现

1. 规模化内容生产的效率革命

LLM正在重构内容产业的生产方式。

（1）营销文案制作的个性化

某美妆品牌使用Claude3生成小红书文案时，系统通过分析用户画像（如“25~30岁都市白领”），自动匹配“抗初老”“熬夜修复”等关键词，生成以下3类文案。

专业向：临床验证3周淡化细纹27%。

情感向：熬夜党的“回春精华”。

场景向：健身后的妆容救星。

该品牌文案产出效率提高80%，互动率提高45%。

（2）人机协作创意写作

某网络小说作家用GPT–4辅助创作，输入“末世＋人工智能＋父女亲情”设定文字，模型生成3个故事框架。他选择“机械姬寻父”主线后，

模型细化场景描写，甚至能模拟刘慈欣的硬核比喻或张爱玲的细腻文风。这种协作使创作周期缩短 30%，读者评价其是“科技与人性的平衡”。

2. 技术底层从规则到涌现的能力跃升

（1）自回归生成机制

GPT-4 通过预测下一个词实现长文本生成，处理万字商业计划书时能保持逻辑一致性。某咨询公司用其生成初稿，框架完整度达 90%，修改时间减少 60%。

（2）风格控制技术

通过“提示工程”注入风格指令，如“学术论文格式”或“脱口秀风格”，模型调整词语选择和句式结构。某教育机构用此技术生成教案，提高了数学教案严谨度和语文教案细腻度。

3. 实操指南：高效文本生成要素介绍

（1）提示词设计法则

明确任务边界。例如，“为某新能源汽车撰写 300 字文案，突出续航和智能驾驶，风格为年轻活泼，带 3 个话题标签”。

控制输出参数。法律文书用低随机性，创意写作用高随机性。

（2）质量把控工具链

自动化检测。用 Gunning Fog Index 检测可读性，用 FactCC 验证事实一致性。

使用人工校准清单。制定“逻辑—风格—事实—情感”四维检查清单，每个文本需要通过至少 3 项指标的审核。

（二）问答系统：从关键词匹配到深度语义理解

1. 智能问答的三阶进化

规则引擎时代（2000—2015 年）：依赖关键词匹配，无法理解复杂表达，如某家电品牌因此将 20% 的咨询转人工。

检索增强时代（2016—2020 年）：引入 Elasticsearch，如某银行客服工作准确率达到75%，但跨文档推理仍需人工。

生成式智能时代（2021年至今）：LLM结合RAG技术实现闭环，如某医疗系统处理“糖尿病能否服用布洛芬”时，检索临床指南生成专业回答，准确率达92%。

2. 技术核心：多模态理解与逻辑推理

（1）问题理解的深度突破

LLM通过多头注意力机制解析复杂语义。某法律系统处理“不可抗力条款”时，覆盖20多个场景。

（2）知识整合的动态优化

实时接入外部数据源。某电商客服系统对接商品库后，能即时回答“扫地机器人续航”问题，并根据气候补充提示，使用户满意度大幅提升。

3. 实操指南：构建高效问答系统的关键步骤

（1）领域知识库构建

在结构化数据方面，用Notion搭建“问题—答案—关联知识”图谱。

在非结构化数据方面，利用Doc2Vec转化手册和对话记录。

（2）多轮对话优化策略

上下文记忆。保留最近5轮对话记录。

意图识别增强。使用FastText训练分类器后，某银行意图识别准确率达95%。

（三）机器翻译：从符号转换到文化适配

1. 技术优势：超越字面翻译

（1）多语言建模能力

模型预训练接触100多种语言，能翻译“佛系青年”“内卷”等热词。某跨境电商翻译错误率从22%降至5%。

（2）上下文敏感翻译

解决一词多义问题，如“Apple”在收购语境中译为“苹果公司”。

2. 实际应用：从商业到文化的全域渗透

（1）跨境电商的本地化革命

深圳某 3C 企业用 DeepSeek 翻译说明书，自动适配欧盟环保认证和日本节能标准，翻译效率提高 4 倍，投诉量下降 70%。

（2）文化传播的智能桥梁

故宫博物院用 LLM 对文物进行翻译介绍，并补充历史背景，加深了海外游客对中国文化的了解。

3. 实操指南：高质量翻译的关键

（1）领域微调策略

行业语料注入。如金融翻译补充“市盈率”。

文化适配训练。针对东南亚地区，加入“合十礼”等元素。

（2）多模态翻译优化

图文协同。结合图像识别，确保技术文档标注一致。

风格统一。建立品牌翻译手册，如某汽车品牌全球宣传语一致性达到 98%。

当 LLM 实现“文案生成—客服问答—多语翻译”全流程智能化时，是对商业逻辑的深度重构。从技术文档的精准翻译到文化内涵的跨语传递，LLM 成为跨越语言鸿沟的“数字巴别塔”。

三、内容变革：LLM对内容创作、信息传播与知识服务的深远影响

在上海某财经媒体编辑部内，记者赵心怡需要处理新能源车企财报分析、微博话题策划、短视频脚本创作和英文简讯撰写等四项任务。得益于 LLM 内容生成系统，她只需输入核心数据和分析框架，在 10 分钟内便获

得了深度报道、传播爆点文案和国际化的简讯初稿。这一场景折射出LLM对内容产业的颠覆性变革——从“单线程手工生产”到“多线程智能协作”，LLM正在重塑内容生态的底层逻辑。

（一）内容创作革命：从人力密集到智能涌现

1. 写作方式的范式重构

（1）效率提高与职业转型

某体育新闻团队采用“AI优先”模式，英超比赛结束后30秒内即可生成赛事简讯，在20多个平台同步发布，速度是原来的5倍。某券商团队使用GPT-4抓取财报数据关联行业报告，研报撰写时间缩短60%。

（2）个性化生产的规模化

奥美团队运用Claude3生成汽车广告文案时，系统根据用户画像自动调整策略：针对25~35岁用户强调“智能座舱通勤场景”；针对40~50岁用户突出“豪华配置商务价值”。实测显示，AI生成的个性化文案点击率提高55%，创意效率是原来的4倍，广告行业进入“千人千面”时代。

2. 人机协同的实操指南

（1）流程再造三层次

数据层：构建文献语料库，用FastText训练领域词向量。

工具层：Hugging Face生成初稿，Grammarly专业校验。

人力层：专注选题策划，AI承担数据梳理。

（2）质量管控双机制

事实核查。CrossCheck数据库三级校验（AI初查—知识库比对—人工复核）。

风格统一。建立品牌调性库，通过Prompt模板确保内容符合定位，如科技媒体保持客观，美妆账号保持亲切。

（二）信息传播重构：从单向输出到网状交叉

1. 社交媒体的裂变效应

（1）AIGC 驱动的效益革命

某博主使用 NExT–GPT 生成短视频脚本，系统根据需求自动生成 3 分钟结构脚本，并优化早高峰时段内容节奏，使完播率提高 40%。某 MCN 机构实测显示，AI 生成内容爆款率是人工的 2.3 倍。

（2）传播模式去中心化

小红书“AI 共创”功能允许用户基于生成框架二次创作。某护肤品牌发起“成分党计划”，LLM 生成 1000 多份基础文案，用户添加体验后，UGC 量激增 300%，话题曝光破 5 亿次，形成“AI 打底 + 人类润色”的协同模式。

2. 信任危机与技术挑战

（1）虚假信息新形态

在 2023 年虚假医疗广告事件中，LLM 生成“专家解读”伪造治愈案例，导致数百人受骗。更危险的是深度伪造视频，某事件中伪造的候选人承诺视频引发舆情震荡，传统关键词过滤失效。

（2）检测技术滞后

AI 生成的虚假信息在语法、逻辑上比人工造假更“完美”。传统过滤系统难以应对“全身系统调理”等模糊表述。

3. 健康生态构建策略

（1）内容溯源技术

添加数字水印。通过标点间距编码生成信息，如某出版社盗版检测准确率达到 98%。

区块链追踪。记录 API 调用源头，快速定位虚假信息传播节点。

（2）分层审核机制

风险分级。启用“AI+ 专家”双审核。

动态学习。每月更新对抗样本库，使“医疗伪科普”拦截率从 60% 提高到 89%。

（三）知识服务转型：从信息堆砌到智能赋能

1. 智能知识管理与教育个性化

（1）企业知识管理升级

“盘古智库”整合产品文档、历史问答，用 BERTopic 聚类技术使知识检索效率提高 70%。LLM 自动识别“手机发热”等问题的深层需求，生成含解决方案的立体回答，客服工单人工介入率从 45% 降至 12%。

（2）教育个性化突破

网易有道“AI 学习助手”构建“诊断—推荐—反馈”闭环：智能诊断作文逻辑漏洞（准确率达到 85%）；动态推荐议论文强化包；情感陪伴功能提高学习动力。

2. 深层挑战与风险

（1）知识茧房限制

某职场教育平台推荐系统过度强化用户优势领域，导致“技术岗”学员管理知识学习量下降。LLM 的“偏好迎合”机制可能抑制批判性思维，导致信息窄化。

（2）伦理责任界定模糊

医疗 AI 因数据偏差而遗漏“专业干预”提示，导致患者延误治疗。法律文书生成存在责任界定模糊问题，亟须建立风险提示机制。

3. 落地实践策略

（1）多源融合与动态更新

多源融合。用 Stable Diffusion 可视化跨学科关联，某商学院课程满意度大幅提升。

动态更新。RAG 技术接入 PubMed 等数据源，前沿知识刷新率达 95%。

（2）人机协同规范

责任标注。医疗领域建议强制添加“仅供参考”提示文字，法律文书标注“需要律师审核”。

边界公示。明确模型知识范围（如“2024 年后政策暂不支持”）。

当 AI 辅助的财报分析取代传统写作，AIGC 内容掀起传播浪潮，智能知识库成为企业“数字大脑”时，内容产业经历了“创造性破坏”。LLM 不仅带来效率革命，还重新定义内容价值——新闻深度高低取决于观点独特性强弱，知识价值大小在于解决问题的实用性高低。

但技术的“双刃剑”效应同样显著：虚假信息暗流、创作同质化、伦理盲区等问题，要求构建“技术创新”与“价值坚守”的共生生态。故宫博物院的 LLM 文物翻译实践提供启示，用技术突破语言壁垒，保留人类学者的文化解读，形成“AI 赋能不替代”的可持续模式。

内容产业的未来，关键在于人机协作的共振。让机器处理重复劳动，让人类专注创意与温度，让技术成为提升价值的杠杆。LLM 生成的文字承载思想，智能网络连接知识节点，这或许是技术正向文明深深致敬——让每条知识精准抵达，让每个创意高效生长，让每个观点找到共鸣。

四、商业价值解码：LLM商业价值光谱解析，三级收益区模型深度解读

在杭州某跨境电商企业的会议室里，CEO 张力盯着季度财报露出笑容。引入 LLM 系统后，客服成本下降 40%，定制化营销文案转化率提高 65%。更关键的是，基于平台开发的第三方插件生态已吸引 200 多名开发者入驻，带来千万级额外收益。这一案例揭示了 LLM 商业价值的三层跃迁逻辑过程——从基础工具的效率提高，到垂直场景的价值深挖，再到生态系统的乘数效应。三级收益区模型成为企业解码 LLM 商业价值的关键框架。

（一）基础应用收益：标准化产品的规模变现

基础应用收益是 LLM 商业价值的第一级跃迁成果，通过封装标准化产品实现规模化复制，核心特征是低门槛、高适配、快落地。

1. 智能客服：降本增效的核心工具

某连锁酒店集团部署智能客服系统后，实现三大突破。

成本锐减。自动处理 85% 的常规咨询（如“退房时间”），客服人力成本下降 60%。

体验品质升级。多轮对话理解能力使“个性化需求”解决率从 40% 提高到 82%。

数据沉淀。对话数据自动转化为客户偏好标签，为会员体系优化提供 120 多条维度行为数据。

2. 写作辅助工具带来内容生产的工业化革命

Canva 的 AI 文案助手可自动生成 3 种风格初稿（故事型、数据型、观点型），并匹配相关图片。某新媒体团队使用后，内容产出效率是原来的 4 倍，原创稿件占比从 20% 跃升至 70%，其订阅制模式的用户续费率达 85%。

3. 实操工具：快速落地“三板斧”

使用 API 优先策略。接入成熟 API（如电商客服场景使用 Claude），开发成本比自建模型降低 80%。

使用流程适配工具。用 Zapier 连接 LLM 与企业系统（如 CRM）。某零售企业实现“客服对话—订单修改—物流通知”自动化闭环。

使用效果监测仪表盘。实时追踪“问题解决率”“成本节约比”等核心指标。某银行通过 Power BI 优化 12 个低效模块。

（二）增值服务收益获取：垂直场景的深度赋能

增值服务收益是第二级跃迁成果，通过场景定制、数据深耕、服务分层实现溢价，核心是从“通用能力”向“行业专精”跨越。

1. 金融领域风险评估的智能升级

跨数据整合。同步解析财报文本、市场舆情和历史交易数据，风险识别准确率提高 35%。

动态压力测试。模拟极端场景（如利率骤升 2%），生成多维度风险报告，决策效率提高 40%。

合规审查自动化。实时扫描合同，合规成本下降 50%。

2. 医疗领域辅助诊断的精准突破

医学术语处理。准确识别 300 多个专业术语，诊断报告结构化率达 98%。

跨模态整合。结合图像与病史数据，如某三甲医院早期眼病检出率提高22%。

知识实时更新。通过使用RAG技术接入最新临床指南，知识刷新率达95%。

3. 实操方法：场景化增值服务开发四步法

领域数据清洗。用Doccano标注工具清洗行业语料，确保训练数据准确率达到95%。

轻量化微调。采用LoRA技术调整1%模型参数，如某保险企业在2周内完成“车险理赔话术”适配。

服务分级设计。设置基础版、专业版、尊享版，如法律SaaS平台通过三档定价使ARPU提升60%。

构建效果验证模型。建立“准确率—效率—成本”三维模型，如某制造业系统缺陷描述解析准确率从70%提高到92%。

（三）生态衍生收益：平台经济的乘数效应

生态衍生收益是第三级跃迁成果，通过开放平台、整合产业链、孵化创新应用实现价值裂变，核心特征是网络效应强、边际成本低。

1. 建立开发者生态，技术红利二次释放

工具层繁荣。超200万名开发者基于ChatGPT开发插件（如Zapier自动化工具），平台年分成收益超10亿美元。

行业渗透。衍生出医疗“AI病历生成”、金融“财报智能摘要”等垂直工具，形成“核心模型+长尾应用”共生生态。

数据反哺。开发者贡献数据，使法律合同解析准确率从85%提高到94%。

2. 价值网络重构实现传统产业数字化转型

三一重工“灯塔工厂”案例展现生态价值。

生产端：LLM预测设备故障，停机率下降30%。

服务端：AI 生成 3D 维修动画，售后服务效率提高 50%。

生态端：开放数据接口吸引 50 多名开发者，预计 2024 年生态收益占比达 25%。

3. 实操路径："双轮驱动"构建生态

打造开发者赋能体系：提供低代码平台（如百度千帆），降低技术门槛；制订激励计划（如 OpenAI 扶持计划），某云厂商吸引 800 多名开发者入驻。

场景化解决方案市场：形成封装行业解决方案（如电商客服方案），某平台已形成 12 个行业库；建立供需对接平台，某金融科技平台缩短成交周期的 40%。

（四）企业级案例：三级收益的递进式实现

1. 跨境电商的价值跃升路径

基础层破局。开发智能客服，解决 80% 的常规咨询，客服成本下降 35%，满意度达到 92%。

增值层深耕。微调模型识别海关政策，合规错误率从 22% 降至 3%，海外仓退货率下降 18%。

生态层构建。开放 API 吸引外贸企业与物流商，形成跨境电商生态，平台佣金年增 200%。

2. 三级收益的协同效应

基础层客服数据反哺，进行合规模型训练；增值层行业能力使基础层对话质量提高；生态层开发者贡献应用场景拓展，形成"数据—能力—生态"闭环增值。

（五）商业价值实现的关键挑战与应对

1. 三大核心挑战

数据合规风险。某金融机构因未授权客户信息，面临 GDPR 罚款。

模型依赖困境。某教育公司因 API 中断，导致业务停滞 4 小时。

生态竞争壁垒。通用平台面临“大而全”与“小而精”的博弈。

2. 应对策略

（1）数据治理工具箱

使用 AWS Glue 清洗数据。某银行敏感信息过滤率达 99%。

建立“数据主权沙箱”，使用联邦学习保护隐私。

（2）技术栈冗余设计

采用“主用 API+ 自建模型”双引擎。某电商平台故障切换时间小于 5 分钟。

参与 LLaMA 生态。某科技公司通过贡献代码获得优先支持。

（3）生态差异化定位

聚焦细分领域（如跨境电商生态），避免正面竞争。

构建“技术 + 资源”壁垒。某财税平台结合 AI 与专家团队。

企业需要根据资源禀赋选择切入层级：中小公司可从基础层 API 应用起步（如垂直领域客服）；大型企业应布局增值层与生态层（如“行业大模型 + 开发者平台”）。核心在于突破“技术至上”思维，将 LLM 能力与业务流程深度融合。例如，三一重工将设备数据与语言智能结合，创造传统制造业新价值点。

未来的商业竞争，不仅要进行模型性能比拼，还有生态协同效益的较量。当 LLM 商业价值光谱在三级收益区全面展开，那些精准定位自身价值坐标、构建差异化赋能体系的企业，将占据先机。

五、LLM的差异化优势与行业适配性

在成都某科技创业公司，CTO 袁哲为即将启动的 3 个项目选择合适的大模型：教育部门需要开发个性化学习工具；医疗团队计划构建病历解析系统；金融板块则要实现智能风险评估。在面对不同的大模型方案时，他需要在技术性能、数据适配和生态支持之间找到最优解。这个场景映射出企业在 LLM 选型时的一个核心命题——根据行业特性匹配模型的差异化优势。

（一）技术性能：在效率与能力之间寻找平衡点

1.LLaMA：轻量化架构的效率先锋

Meta 的 LLaMA 系列以“小而精”的架构设计在资源受限场景独树一帜。

架构创新。采用旋转位置编码（RoPE）和分组查询注意力，显存占用降低 50%。LLaMA-13B 可在单个消费级 GPU（如 RTX3090）上运行，推理速度比同参数规模的模型快 30%。

性能表现。在常识推理（Swag 数据集）和数学推理（GSM8K）任务中，LLaMA-65B 的准确率分别达到 92% 和 85%，接近 GPT-3 的水平，但训练成本仅为后者的 10%。某教育 App 使用 LLaMA-7B 开发智能答疑功能，响应时间控制在 1.2 秒内，用户并发率提高 40%。

2.GPT：通用性至上的全能选手

OpenAI 的 GPT-4 以“大而全”的架构成为复杂任务首选。

多模态处理。支持图文联合输入，在医疗影像解析中，能同时处理

CT 报告文本与肺部图像，生成结构化报告。某三甲医院的肺癌早期筛查准确率提高 18%。

长上下文处理。上下文窗口支持长文本生成。某法律事务所用其处理 2 万字合同，条款逻辑解析准确率达 94%。

3. DeepSeek：领域优化的效率专家

DeepSeek 利用混合专家（MoE）架构，实现领域高效建模。

显存优化。多头潜在注意力（MLA）技术使显存占用量降低至同类模型的 1/10，670 亿参数的模型在双 GPU 上即可运行。某金融机构用其处理实时交易数据，风险预警延迟从 3 秒缩短至 0.8 秒。

专业任务突破。在代码生成（HumanEval 数据集）和数学推理（MATH 数据集）中，DeepSeek-670B 的准确率分别达到 85% 和 78%。

4. 选型工具：技术性能三维评估表

在算力限制维度，LLaMA 适合单 GPU 部署（如教育 App、边缘设备）；GPT 适合复杂多模态任务（如法律、医疗）；DeepSeek 适合高频实时任务（如金融风控）。

在任务类型维度，LLaMA 适合文本生成、基础问答；GPT 适合跨模态处理、长文本生成；DeepSeek 适合数学推理、垂直领域任务。

在延迟要求维度，LLaMA 适合 2 秒内响应（轻量级交互）；GPT 适合 5 秒内复杂输出（如报告生成）；DeepSeek 适合 1 秒内实时反馈（如交易预警）。

（二）训练数据：领域适配的核心

1. 数据规模与多样性对比

LLaMA：数据涵盖 Common Crawl、维基百科、代码库等。在多语言基础任务上表现稳定，但在医疗术语处理上需要额外微调。

GPT：覆盖网页、书籍、专利等多个领域。在法律、金融等领域积累深厚，但在极端专业领域（如量子计算论文）需要外接知识库。

DeepSeek：数据涵盖医疗文献、代码库等，中文语料 Tokens 占比达 40%。某肿瘤医院用其解析病理报告，术语识别准确率达 98%。

2. 数据对行业的影响

教育行业，LLaMA 的代码库数据使其在编程教学中表现突出，某平台的代码纠错准确率达 82%。

在金融行业，GPT 的财报数据积累使其擅长识别关键词，某银行的贷款申请文本解析效率提高到原来的 5 倍。

在医疗行业，DeepSeek 的医学数据训练使其能准确解析专业表述，某 AI 辅助诊断系统的病历结构化率从 75% 提高到 95%。

3. 数据适配工具：领域数据增强方案

数据清洗工具。用 Doccano 标注行业语料，某法律公司清洗 5 万份合同数据后，LLaMA 的条款解析准确率从 80% 提高到 92%。

知识注入工具。通过 Hugging Face 的 PEFT 库注入领域知识，某医疗团队为 GPT-4 添加 3000 条医学指南，诊断建议的合规率达到 98%。

跨模态数据融合。利用 DeepSeek 的多模态接口，某电商平台将产品图片与用户评价结合，生成的个性化推荐文案转化率提高 35%。

（三）生态建设：开源活力与商业闭环的博弈

1. LLaMA：开源社区的创新沃土

在开发者活跃度方面，Hugging Face 下载量超 3000 万次，衍生模型超 7000 个。清华大学团队基于 LLaMA 开发的 ChatGLM-6B 在中文对话中表现突出。

在行业应用成果方面，教育领域的 Llama Tutor 项目为学生提供个性化学习方案，某中学的课后辅导效率提高 60%；医疗领域的 MedLLaMA 模型，针对病例摘要生成的关键信息完整度达 95%。

2. GPT：商业生态的闭环优势

企业级合作。与微软 Azure 深度绑定，金融客户（如摩根士丹利）通过专用接口获取低延迟服务；医疗客户（如 Mayo Clinic）接入 GPT–4 医疗版后，提高了遗传病咨询的专业度。

插件生态繁荣。超 5 万名开发者构建垂直领域插件，如法律领域的“合同审查助手”和金融领域的“财报摘要插件”，企业级用户的工具使用效率提高 70%。

3. DeepSeek：垂直领域的生态深耕

行业联盟建设。与鹰瞳科技、华大基因等医疗企业成立联合实验室，开发的“肿瘤筛查模型”使早期胃癌识别率提高 22%；与华为云合作推出“代码助手”，用户代码通过率提高 30%。

开源与商业平衡。基础模型开源吸引开发者，核心领域模型（如医疗、金融版）通过 API 收费。某保险公司使用 DeepSeek 金融版后，保单条款的合规审查成本下降 60%。

（四）行业适配：技术特性与场景需求的精准匹配

1. 医疗行业：专业术语处理

在 DeepSeek 优势场景下，某三甲医院的病历解析系统利用其医学术语处理能力，自动提取“主诉”“现病史”“诊断结果”，结构化率达 98%。通过 RAG 技术接入最新临床指南，“糖尿病并发症筛查”的建议准确率提高 35%。

2. 金融行业：风险评估与实时决策

在 GPT 优势场景下，某股份制银行的智能风控系统利用其长上下文和多模态能力，同步解析贷款申请文本、征信报告、银行流水，风险识别准确率从 82% 提高到 94%。

3. 教育行业：个性化学习的开源

在 LLaMA 优势场景下，某在线教育平台基于 LLaMA 开源模型开发“AI 学习伙伴”，根据学生做题数据生成个性化学习计划，用户留存率提高 40%，学习效率提高 35%。

4. 制造业：设备维护与流程优化

在 DeepSeek 优势场景下，某制造企业的设备故障预测系统解析设备日志文本和传感器数据，提前 24 小时预测故障，准确率达 89%，设备停机时间减少 30%。

（五）选型指南：三维度决策模型

1. 行业模型适配三步法

表7-3　行业模型适配三步法

适配维度	核心决策要素	推荐模型/方案	适用场景与优势解析
需求定位	任务复杂度与模态类型	高频简单任务用LLaMA； 复杂多模态任务用GPT； 专业领域任务用DeepSeek	LLaMA轻量高效（7B模型单卡运行），适合客服问答、数据清洗等标准化场景； GPT支持图文、视频多模态输入，擅长创意生成（如广告文案、视频脚本）； DeepSeek在法律、医疗等领域深度优化，合同审查准确率达97%
资源评估	团队规模与合规要求	中小团队、初创公司用LLaMA开源版； 大型企业用GPT企业版、DeepSeek行业版	LLaMA开源免费，微调成本低（仅需消费级显卡），适合预算有限的团队； GPT企业版提供数据加密与审计日志，满足金融、政务合规需求； DeepSeek行业版预训练医疗、法律知识库（如医疗问诊响应速度提升50%）
生态匹配	开发效率与技术自主性需求	快速开发GPT插件生态； 自主可控使用LLaMA开源社区； 垂直领域深耕借助DeepSeek行业联盟	GPT插件（如Zapier自动化工具）支持零代码集成，项目周期缩短70%； LLaMA社区超5000个定制化分支（如金融领域FinLLaMA），支持深度二次开发； DeepSeek联合行业龙头共建数据池（如医疗领域合规病历），专业场景适配效率提高40%

2. 工具推荐

表7-4 LLM选型与实施工具推荐

工具类型	工具名称	核心功能	典型应用场景
模型对比平台	Hugging Face Model Hub	预训练模型检索，支持多维度性能对比（如推理速度、显存占用）	中小团队快速筛选轻量化模型（如对比LLaMA-7B与Alpaca-LoRA的代码生成能力）
	OpenAI Model Evaluation	官方提供模型在基准任务上的表现数据，含安全性检测报告	企业级用户评估GPT-4在金融风控场景中的合规性（如敏感信息识别准确率为99.2%）
实施辅助工具	DeepSeek Benchmark	聚焦法律、医疗等专业领域的模型评测体系，提供真实业务场景数据集	医疗AI公司验证DeepSeek-Medic在糖尿病视网膜病变诊断中的敏感度
	Label Studio	为可视化数据标注平台，支持文本、图像、音频多模态标注	教育机构标注10万道数学题解析步骤，构建个性化学习模型训练数据集
实施辅助工具	QLoRA	采用低秩量化微调技术，在保持模型性能的同时压缩显存占用量	中小团队用RTX4070显卡微调参数模型，成本仅为全量微调的5%
	IBM Fairness 360	为多维度公平性检测工具，识别模型在性别、种族等维度的潜在偏见	金融机构部署前检测信贷模型对小微企业的评估公平性，确保合规

LLM的未来竞争，不再是单一模型的性能比拼，而是生态系统与行业场景协同的效率竞赛——开源模型通过社区创新扎根细分领域，托管模型凭借商业闭环占领复杂场景，两者在医疗、金融、教育等领域形成互补。

企业的核心竞争力在于理解不同模型的“基因特性”：LLaMA的轻量化与开源活力使其适合作为创新试验田；GPT的通用性与生态成熟度是复

杂业务的稳定器；DeepSeek 的领域优化与高效能是专业场景应用的攻坚利器。未来的商业应用必然是“模型矩阵工作”，而非“单一选择”。当技术的差异化优势与行业的独特需求产生共振，LLM 将不再是实验室的“屠龙之技”，而是深入产业应用的赋能工具。

第八章

AI经济浪潮下企业的制胜策略与转型实践

一、数字转型征程中企业及校园AI技术战略布局与创新应用

在苏州某精密制造工厂的智能化改造现场，厂长李建国盯着中控屏幕上的实时生产数据露出笑容。引入 AI 质量检测系统后，精密轴承的缺陷识别率从 85% 提高到 98%，生产线人工抽检频次下降 60%。而在苏州科技大学，计算机学院教授带领团队开发“AI+ 智能制造”专业课程，将工厂的 AI 质检数据转化为教学案例。这两个场景呈现出 AI 经济浪潮下的转型图景——企业与校园，正以不同的角色在数字转型中重塑竞争力。

（一）企业 AI 战略布局：从业务重构到生态进化

1. 战略制定的“三维诊断法”

（1）业务痛点精准定位

在效率维度，某汽车配件厂引入 LLM 订单智能解析系统后，订单处理时间从 72 小时压缩至 8 小时，成本下降 40%。

在质量维度，某制药企业采用 DeepSeek 医疗版模型，合规条款识别准确率达到 99%，召回成本下降 80%。

在创新维度，某消费品公司利用 GPT-4 生成个性化产品推荐文案，新品上市周期缩短 30%，用户复购率提高 25%。

（2）技术路径差异化选择

针对流程标准化业务，某电商企业用 LLaMA-7B 开发智能客服，成本仅为定制化模型的 20%，问题解决率达到 82%。

针对复杂决策业务，某银行用 GPT-4 分析信贷文本，不良贷款率下降

1.2%。

针对专业领域业务，某律所使用 DeepSeek 法律版处理合同，风险条款识别效率是原来的 5 倍，节省人工审查成本 300 万元。

（3）组织能力适配升级

建立数字转型办公室。某制造企业由 CTO 牵头，联合业务骨干组成 15 人团队，负责 AI 项目需求对接与效果评估。

开展全员数字素养培训。引入“AI 工具百宝箱”，员工工具使用率达 90%，数字化技能考核通过率达 85%。

重构绩效考核体系。将“AI 工具使用效率”纳入 KPI，研发部门的 AI 辅助创新成果占比达 40%。

2. 创新应用的“场景深耕策略”

（1）生产制造：从自动化到智能化

设备互联。通过物联网采集设备数据，利用 LLM 解析故障日志，停机时间减少 35%。

质量管控。DeepSeek 视觉模型实时识别焊接缺陷，漏检率从 0.8% 降至 0.12%，每年减少报废损失费 500 万元。

供应链优化。GPT-4 生成动态排产计划，库存周转率提高 22%，交付周期缩短 15%。

（2）零售服务：全链路数字化重构

用户端：AI 客服日均处理 10 万次咨询，咨询解决率达 89%，人工转接率下降 60%。

供应链端：LLM 分析销售数据，生成智能补货策略，缺货率下降 18%，库存成本降低 25%。

门店端：视觉 AI 识别货架商品陈列，促销商品转化率提高 30%。

3. 实操工具：企业 AI 战略落地工具箱

战略诊断工具（如麦肯锡 AI 成熟度评估模型）从技术、组织、业务等 3 个维度评估企业 AI 就绪度。

技术选型工具（如 Hugging Face 模型对比工具）可视化展示 LLaMA、GPT、DeepSeek 的差异。

数据治理工具（如阿里云 DataWorks）确保 AI 模型训练数据准确率达到 95%。

组织培训工具（如腾讯课堂企业版）提供“AI+ 行业”定制课程，支持员工技能分级培训。

（二）校园 AI 教育转型：从课程改革到生态构建

1. 教学体系的“智能化重构”

（1）课程设置的“AI+X”融合

在智能制造专业，深圳职业技术学院引入工厂实时生产数据作为教学案例，学生就业率提高 20%，起薪高于同类专业。

在商务英语专业，开发“跨境电商 AI 客服”模块，学生可以熟练使用 AI 工具。

护理专业，整合医疗 LLM 模型，学生临床诊断思维考核通过率从 65% 提高到 88%。

（2）教学模式的“双师协同”创新

在智能备课方面，教师使用 GPT- 4 生成课程大纲和案例库，备课时间缩短 40%。

在个性化辅导方面，基于 LLaMA 开发“AI 学习伙伴”，某班级数学作业正确率从 70% 提高到 85%。

在实践教学方面，联合企业搭建“虚拟工厂”实训平台，学生实践考核优秀率提高 30%。

2. 校园管理的“智慧化升级”

（1）管理决策的数据化转型

在招生决策上，学校分析学生数据，生成个性化招生文案，目标专业报考率提高 25%。

在教学评估上，AI 解析课程反馈，识别 50 多个维度问题，课程优化效率提高 60%。

在后勤保障上，通过 NLP 分析报修文本，响应时间从 48 小时缩短至 6 小时。

（2）校园服务的“精准化供给”

开办智能食堂。分析学生饮食数据，减脂餐销量提高 50%，食物浪费减少 30%。

提供就业指导。模拟面试系统工作，学生求职成功率提高 35%。

关注学生心理健康。LLM 情感分析系统识别抑郁倾向，干预成功率达 70%。

3. 实操方法：校园 AI 教育实施路线图

需求调研三步骤：教师问卷调查、企业走访、学生访谈，明确岗位技能需求。

课程开发四步法：确定融合点、引入企业数据、开发智能教学工具、建立动态评估体系。

管理系统智能化路径：建设数据中台，引入轻量化工具，建立隐私保护机制。

（三）协同进化：企业与校园的共生价值创造

1. 产学研协同的“价值共振”

（1）人才共育

企业提供实训基地，学校定制“智能质检工程师”微专业，学生毕业即就业。

（2）技术共研

联合攻关“复杂曲面缺陷识别”，研发周期缩短6个月。

（3）生态共建

共建“智能制造AI创新中心”，孵化创业项目，形成“人才输送—技术研发—产业应用”闭环。

2. 建立长期发展的“战略护城河”

在企业层面，构建“数据+算法+场景”铁三角，形成竞争壁垒。

在校园层面，打造“技术+人才+生态”创新高地，使学生成为企业争抢的数字人才。

制造工厂通过AI质检提高良品率，科技大学的学生与AI学习伙伴实时互动，这不仅是技术的应用，还是价值创造范式的转变——企业从“经验驱动”走向“数据智能驱动”，校园从“知识传授”转向“AI助力能力锻造”。

企业制定AI战略，本质是对业务流程的重新构想：用智能客服重构客户服务，用AI质检重塑生产流程，用数据洞察驱动产品创新。校园的AI转型，核心是培养体系的深度变革：让课程内容对接产业需求，让教学工具融入智能技术。

更重要的是，企业与校园的协同正在形成强大的共生效应。企业的实践场景为校园提供鲜活案例，校园的人才培养为企业输送适配数字人才。这种“需求—供给”的精准对接，正在帮助构建AI经济时代的核心竞争力。

二、技术创新与研发投入铸就企业AI竞争力

在深圳南山科技园的一间实验室里，某智能硬件公司 CTO 张力盯着屏幕上的质检数据眉头紧锁。传统视觉检测系统对微型摄像头模组的缺陷识别率仅为 82%，导致每年 2000 万元的误判损失。面对行业巨头的技术封锁，他果断决定将研发投入占比从 15% 提升至 25%，组建 30 人的 AI 研发团队专攻“多模态缺陷检测模型”。这个决策的背后，是企业对 AI 技术创新的深刻认知——在算力、数据、算法的三角博弈中，研发投入成为重构产业竞争格局的关键因素。

（一）研发战略：从跟随到引领的范式革新

1. 研发投入的“金字塔模型”

企业的 AI 研发投入需要形成“基础研究—应用开发—工程落地”的三层架构（见表 8–1）。

表8–1　企业AI研发投入的三层架构与技术突破成效

研发层级	对比内容		
	核心任务	企业案例与技术投入	技术突破与成效
基础研究层	核心算法攻坚与前沿技术布局	华为诺亚方舟实验室每年投入20亿元，研发长上下文建模技术（如NLP预训练模型）； 百度深度学习实验室研发“稀疏注意力机制”，大模型训练成本降低40%	合同解析模型逻辑完整度提升35%，文心一言复杂问答响应速度是原来的3倍，训练效率达到行业领先水平
应用开发层	行业模型定制与跨技术融合创新	某新能源车企投入5亿元建设AI电池实验室，基于10万条故障数据微调DeepSeek模型； 美团无人机团队融合计算机视觉与强化学习，研发“动态避障算法”	电池寿命预测准确率达92%，城市配送成功率从75%提高到94%，复杂场景技术适配能力显著增强

续表

研发层级	对比内容		
	核心任务	企业案例与技术投入	技术突破与成效
工程落地层	算力基建与研发流程优化	字节跳动自建超算中心，支撑抖音每天处理200亿条用户行为数据； 微软Azure采用“DevOps+AI代码审查”体系，模型部署周期从45天缩短至7天	视频推荐精准度提升25%，漏洞检测准确率达98%，实现技术规模化落地与工程效率突破

2. 创新模式的“双轮驱动”策略

（1）内生式创新：构建技术护城河

打造数据壁垒。某医疗 AI 公司建立 10 万例肺癌 CT 影像的数据库，结合 LLaMA 医学版模型训练，使早期肺癌检出率达 95%。

布局专利集群。腾讯 AI 实验室累计申请 3000 多项 AI 专利，在“多模态内容生成”领域形成专利池，支撑微信视频号的 AI 剪辑工具市占率达 45%。

（2）外溢式创新：构建研发生态

产学研协同。商汤科技与清华大学共建“视觉计算联合实验室”，共享 200 万张工业缺陷图像数据，使工业质检设备均价下降 30%。

开源社区贡献。Meta 开源 LLaMA 模型后，吸引全球 200 万名开发者贡献代码，衍生出 1200 多个行业解决方案。

（二）研发效能：投入产出的价值转化关键

1. 研发投入的“乘数效应”分析

（1）领先技术转化为市场溢价

商汤科技的 AI 视觉算法使智慧城市解决方案溢价率达 30%，同类项目中标率提高 40%。

宁德时代的 AI 电池研发投入带来 20% 的能量密度提升，动力电池售价较同行高出 15%，市场份额扩大至 38%。

（2）效率提高释放成本空间

某家电企业的 AI 质检系统研发投入 3 亿元，使产品不良率从 1.2% 降至0.3%，每年节约成本5亿元。

平安科技的AI理赔系统研发投入2亿元，案件处理时效从3天缩短至30分钟，运营成本下降40%。

2. 研发风险的“三维防控体系”

（1）技术路线风险防控

多路径并行。百度在自动驾驶研发中，同时布局L4级算法与车路协同技术。

建立技术储备池。微软预留20%的研发预算用于前沿探索。

（2）数据合规风险防控

采用联邦学习技术。某银行采用联邦学习，实现“数据可用不可见”，通过GDPR认证。

采用动态审计系统。字节跳动研发数据安全审计平台，敏感数据拦截率达99.8%。

（3）人才流失风险防控

建立双通道晋升体系。华为设置“技术专家—管理干部”并行晋升通道，AI研发人员离职率从25%降至12%。

确立项目跟投机制。大疆创新允许核心研发人员跟投内部AI项目，研发团队稳定性大幅提升。

3. 研发项目全周期管理实操方法

在立项阶段，用Gartner技术成熟度曲线评估AI技术落地周期，建立“技术—商业”双可行性分析模板。

在执行阶段，采用OKR管理法分解研发目标，使用JiraAI进行研发流程管理。

在转化阶段，建立技术转化成熟度模型，开发技术价值评估工具。

（三）案例解析：研发投入如何重塑行业格局

1. 宁德时代研发投入驱动技术跃升

投入策略为每年研发投入超 200 亿元，建立“材料基因组 +AI 算法”研发平台。

在技术突破上，AI 模型将电池研发周期从 18 个月缩短至 6 个月，固态电池能量密度提升至 400Wh/kg。

在市场竞争方面，市场份额从 2020 年的 24% 提升至 2023 年的 38%。

2. 药明康德研发创新重构医药研发范式

重点投入。每年投入 15% 的营收用于 AI 药物研发，构建全链条模型。

进行效率革命。AI 将先导化合物发现时间从 18 个月缩短至 3 个月，研发成本下降 60%。

生态构建。开放 AI 研发平台，吸引 300 多个药企合作，形成医药研发共同体。

企业的 AI 研发战略，需要回答以下三个核心问题。

在技术定位上，算力、数据、算法的差异化优势在哪里?

在投入节奏上，如何平衡短期落地（1~2 年）与长期布局（5~10 年）的研发资源?

在生态构建上，如何通过开源、合作、投资形成技术创新的网络效应?

研发投入的核心价值在于将资金转化为不可复制的技术资产。宁德时代的 AI 电池算法、商汤科技的视觉模型专利、药明康德的药物发现平台，其技术壁垒成为企业穿越周期的核心竞争力。更重要的是，研发创新正在重塑产业竞争的底层逻辑——从规模效应到技术密度，从成本优势到算法优势，从产品竞争到生态竞争。

在 AI 经济浪潮中，研发投入不是成本项，而是未来竞争力的预付费——那些愿意在技术创新的深水区持续下锚的企业，终将在浪潮退去时，收获属于自己的产业领地。

未来竞争的胜利果实，属于那些能将研发投入转化为技术复利的组织。这不是简单的资金堆砌，而是战略眼光、组织能力与技术信仰的综合较量。当研发创新成为企业发展的基因时，竞争力的提升便不再靠追赶，而是引领。这是 AI 时代企业制胜的核心秘籍。

三、吸引与留住AI专业人才，打造高效团队

在杭州未来科技城的一家 AI 初创公司里，CTO 吴敏芳为即将入职的算法专家王博士设计个性化入职方案。除了提供颇具竞争力的年薪和股权激励外，还特别规划了“自动驾驶算法实验室”的组建计划，并承诺将其研发成果优先应用于公司核心产品线。这个场景反映出 AI 人才竞争的白热化趋势——全球 AI 人才缺口已达 500 万人，企业的目光已从薪酬竞争转向“价值共生”的全链条人才战略。

（一）AI 人才市场供需失衡下的竞争新常态

1. 人才的三个特点

（1）能复合化趋势

某互联网大厂的 AI 算法岗任职要求是“精通深度学习框架（如 PyTorch、TensorFlow），熟悉至少 1 个垂直领域（如医疗、金融），具备跨模态建模经验”，此类复合型人才薪资溢价达 40%。

在华为“天才少年”计划中，同时掌握 LLM 训练与芯片设计的跨界人才，起薪较单一技能者高 65%。

（2）层级分化加剧

初级工程师（3年以下经验）供需比为1：5，竞争激烈且可替代性强。

资深算法专家（5年以上经验）供需比为5：1，头部企业为争夺此类人才，普遍提供200万~500万元年薪，并配以期权。

（3）地域分布不均

一线城市集聚60%的AI高端人才，形成“人才虹吸效应”。

二线城市通过以“人才飞地”模式破局，如苏州纳米城设立研发中心，吸引300多名AI人才，本地企业研发效率提高40%。

2. 供需矛盾的深度影响

技术落地延迟。某医疗AI公司因缺乏医学影像算法人才，产品注册延期18个月，市场先机尽失。

研发成本高。企业为留住核心人才，被迫将AI团队薪酬预算提高35%，某初创公司研发投入的人力成本占比达65%。

3. 人才画像工具：精准定位目标人才

人才的核心能力：深度学习框架熟练度、行业数据敏感度、跨学科协作能力。

理想人才的特点：同时具备技术能力、领域经验和协作能力，形成“技术深度＋行业广度＋协作力度”的综合优势。

（二）吸引策略：从“薪资竞争”到“价值共鸣”

1. 薪酬体系的“三维竞争力”构建

表8-2　AI人才薪酬体系三维竞争力构建

竞争力维度	核心策略	企业案例与实施细节	实施成效
市场对标与动态调整	基于市场数据实时校准薪酬水平	头部企业引入“薪智”数据库，核心岗位薪资锚定市场前25分位（如算法工程师年薪较行业均值高15%）； 某AI芯片公司建立“季度薪酬雷达图”，针对FPGA开发等稀缺岗位，薪资季度涨幅达20%	核心岗位人才吸引力数据提升40个百分点，offer接受率从65%提高到82%

续表

竞争力维度	核心策略	企业案例与实施细节	实施成效
长期激励设计	期权绑定与建立技术成果共享机制	商汤科技给予“阶梯式期权”，服务满3年解锁40%，5年累计可获100万股，核心团队人员离职率降至8%（行业平均为15%）； 字节跳动AI实验室“技术跟投”，员工可按项目估值的5%跟投，转化收益分成达30%（如某大模型项目团队人均获利200万元）	人才留存周期延长至4.2年，技术转化效率提高35%
非货币激励创新	技术决策权与职业发展赋能	某自动驾驶公司授予“技术一票否决权”，高级专家可对研发路线调整行使否决权，人才满意度提升45%（技术自主权权重占比达30%）； 百度实施“AI技术院士计划”，为顶尖人才配备10人专属团队和1500万元年度研发预算，近三年孵化出3项国际领先技术	高端人才引入周期缩短一半，关键技术攻关成功率提高60%

2. 职业发展的“双通道”设计

（1）技术专家通道

设立明确的晋升阶梯：初级工程师→资深算法工程师→首席科学家。

在某金融科技公司的技术专家通道中，首席科学家年薪可达 500 万元，与 VP 级别待遇相当。

（2）管理转化通道

设计“技术管理者”培养体系。微软 AI 团队的技术主管需要完成管理课程学习，转化率达 40%。

在腾讯 AILab 的“技术—管理双轨制”下，选择管理路径的人才保留率比单一技术路径高 25%。

3. 雇主品牌的“技术愿景”塑造

科研投入公示。OpenAI 在官网公开年度研发投入，吸引顶级人才。

成果转化。例如，商汤科技将智慧城市项目的 AI 视觉技术转化为消费级产品，增强职业背书。

4. 实操工具

打造面试评估体系。技术面试采用“双盲代码评审”，行为面试引入“STAR+AI”法则。

（三）留住策略：从“短期绑定”到“长期共生”

1. 技术生态的“吸引力法则”

（1）挑战性项目布局

某医疗 AI 公司设立“癌症早筛 AI 攻坚”项目，允许团队自主规划技术路线，相关成果发表于《自然医学》，人才保留率达到 92%。

（2）算力资源倾斜

百度为资深工程师配备专属 GPU 集群（200 卡以上），模型训练速度提高 40%。

2. 组织环境的“反熵增”建设

（1）敏捷团队架构

采用“小前台 + 大后台”模式，某 AI 电商公司借此将项目落地周期缩短一半。

DeepMind 采用“20% 自由探索时间”制度，孵化出 AlphaFold 等突破性成果。

（2）知识共享生态

建立“技术维基”平台，某自动驾驶公司的内部知识库包含 10 万个技术文档，搜索命中率达 90%。

商汤科技每月组织“视觉算法与 NLP”交叉研讨会，促进技术融合。

3. 情感的“非技术黏合”

（1）导师制深度赋能

实施“双导师制”，某金融 AI 公司的导师匹配系统使人才成长速度提高 40%。

微软 AI 团队举办“首席科学家面对面”活动，资深人才与新人的沟通频率提高 3 倍。

（2）价值观认同塑造

某 AI 教育公司将“技术普惠”纳入绩效考核，人才与企业价值观匹配度达 90% 以上的团队，离职率仅为行业均值的一半。

百度 AI 团队参与“视障辅助”技术研发，相关成果服务 10 万名视障人士。

4. 风险控制：核心人才离职应对

设立知识沉淀机制。建立“技术传承文档模板”，某 AI 芯片公司借此将知识流失率从 40% 降至 15%。

团队备份建设。对核心项目实施“AB 角制度”，某自动驾驶公司的“视觉感知团队”设置两组独立研发团队，关键技术达到 100% 备份。

（四）团队管理：从“人才堆叠”到“效能跃迁”

1. 高效团队的“五维模型”

（1）目标对齐

采用 OKR 管理法，某 AI 制药公司将“药物发现效率提高 40%”拆解为 12 个技术子目标，提升团队目标透明度。

（2）技能互补

构建“T 型人才矩阵”，某智慧城市团队的跨职能协作使项目交付效率提高 50%。

（3）效率沟通

推行“异步沟通优先”，字节跳动 AI 团队使用飞书文档进行技术讨论，关键决策周期大幅缩短。

（4）设立决策机构

设立“技术委员会”，某芯片公司借此避免引入 3 个低价值项目，资源利用率提高 25%。

（5）容错空间

建立“创新沙盒”，某 AI 材料公司借此发现 3 项颠覆性技术，其中 2 项已进入商用阶段。

2. 实操方法：使用团队效能提升工具箱

在协作平台，GitHub Copilot 提高编码效率，JiraAI 自动生成任务拆分方案。

在评估体系，采用“H 因子 + 工程贡献度”，使用 Culture Amp 每月测量“创新意愿”“协作满意度”。

（五）案例解析：某 AI 领军企业的人才共生实践

企业背景：某自动驾驶头部企业面临激烈人才竞争，2023 年核心算法团队人员离职率达 22%。

实施策略：引入“市场薪酬 + 技术津贴 + 项目跟投”组合，设立“首席算法科学家”序列，发起“无人车量产攻坚”项目。

实施成效：团队离职率降至 8%，技术迭代速度提高 40%，市场估值增长 50%。

企业实施人才战略，本质是构建“技术理想国”的过程。挑战性的项目让人才突破技术边界，完善的通道让人才看到成长可能，包容的文化让人才感受到归属感。当研发工程师在深夜调试代码时，支撑他们的不仅是薪酬，还有“改变行业”的技术信仰；当算法专家选择留下时，吸引他们的不仅是期权，还是“从 0 到 1”的创新体验。

未来的 AI 人才竞争，将从单一企业的零和博弈转向生态系统的“共生共赢”。高校与企业共建实验室培养定向人才，开源社区成为技术人才的练兵场，跨企业的技术沙龙促进知识流动。在这样的生态中，企业的竞争力不仅体现在吸引多少人才，还体现在能为人才提供多大的价值实现空间。

让每个加入的人都能看到技术的星辰大海，让每个留下的人都能触摸到成长的真实轨迹，让每个离开的人都能带走一段值得铭记的技术征程。因此，才能在 AI 经济的浪潮中，打造一支真正无往不胜的高水平团队。

第九章

个人如何紧握AI经济机遇，实现自我飞跃

一、职业新途：规划适应AI时代的职业发展路径，培养关键技能

随着智能客服系统逐渐承担 80% 的标准化咨询，传统客服岗位需求也发生了变化。某金融公司的客服主管刘凤霞报名参加公司的“AI 客服策略师”培训，学习用 LLM 分析对话数据，优化智能客服话术。3 个月后，她主导设计的“多模态客服系统”使客户问题解决率提高 45%，她自己也从基层管理者转型为 AI 应用专家。这个案例揭示 AI 时代的职业真相：不是 AI 取代人类，而是掌握 AI 技能的人淘汰旧技能从业者。

（一）AI 重塑职业生态：从岗位替代到能力重构

1. 行业变革的三大趋势

（1）重复性岗位的智能化转变

制造业 AI 质检系统取代 60% 的人工品控岗位人员，催生“AI 质量工程师”，薪资较传统岗位高出 40%。

服务业智能客服系统取代 70% 的标准化咨询人员，“对话策略设计师”岗位需求是原来的 6 倍，要求精通 NLP 模型训练与用户意图分析。

在数据领域，Excel 数据分析师需求下降 25%，“AI 数据科学家”需求激增，起薪达 80 万 ~150 万元。

（2）新兴职业的爆发式增长

技术层的新兴职业有大模型训练师、AI 伦理专员。

应用层的新兴职业有智能驾驶策略师、医疗 AI 顾问。

管理层使用企业转型 AI 顾问。

（3）职业能力的范式转移

律师：掌握合同智能审查工具，法律检索效率提高 80%。

教师：用 AI 生成个性化教案，课堂互动设计能力成为核心竞争力。

营销人员：精通 AIGC 内容生成，文案产出效率是原来的 10 倍。

2. 职业风险评估

高风险岗位：标准化重复劳动（如数据录入、客服）。转型建议为 3 个月内掌握 AI 工具，转型“AI 流程优化师”。

中风险岗位：流程化决策（如财务审计、基础编程）。转型建议为 6 个月内学习“AI+ 专业”复合技能。

低风险岗位：创意、情感类（如产品经理、心理咨询）。转型建议为强化人机协作，成为“AI 创意总监”。

（二）职业规划的精准匹配

1. 自我定位的 AI 适配模型

（1）兴趣维度识别“技术—创意”倾向

技术驱动型：算法工程师、AI 系统架构师。

创意驱动型：AIGC 设计师、智能内容策划师。

人际驱动型：AI 培训师、用户体验顾问。

（2）能力维度构建“T 型技能矩阵”

纵向深度：打造核心技术能力（如深度学习框架、Python 数据分析）。

横向跨度：积累行业知识，掌握软技能（如项目管理、跨学科沟通）。

（3）抓住时代需求，瞄准“AI+X”结合领域

技术结合：“AI+ 生物学”（药物发现）；“AI+ 材料学”（电池研发）。

应用结合：“AI+ 教育”（个性化学习规划）；“AI+ 养老”（智能护理方案设计）。

2. 职业路径的“三阶进化模型”

表9–1 AI时代职业发展三阶进化模型

发展阶段	时间范围	核心任务	技术岗成长路径	非技术岗成长路径
筑基期	0~2年	打造AI原生能力	起步岗位为AI应用工程师； 核心能力为掌握PyTorch、TensorFlow框架，参与Hugging Face等开源项目开发； 进阶目标为独立完成基础模型部署（如文本分类模型准确率为90%）	起步岗位为AI商业分析师； 核心能力为考取CDA等认证，精通Tableau数据可视化和LLM数据洞察（如生成业务分析报告）； 主导3次以上跨部门数据复盘会
发展期	3~5年	深耕垂直领域	核心岗位为行业大模型专家（如医疗、金融领域）； 核心能力为精通领域数据预处理（如医疗文本去隐私化），模型微调（如金融领域债券定价模型调优，预测误差小于5%）； 打破行业壁垒，积累专属数据集，形成细分场景解决方案	核心岗位为AI产品经理、AI运营专家； 核心能力为主导智能客服推荐系统设计，掌握技术需求转化（如用PRD文档明确模型输出指标）； 负责至少2个千万级用户量的AI产品落地
高阶期	5年以上	构建不可替代性	战略岗位为首席AI科学家、技术总监； 核心能力为主导跨模态大模型研发（如图文生成模型参数量超100亿），制定企业AI技术路线（如确定自研模型或采购第三方API）； 发表顶会论文3篇以上，专利申请量年增10项以上	战略岗位为企业AI战略顾问、业务单元负责人； 核心能力为精通技术ROI分析（如测算大模型部署成本与效率），设计AI驱动业务架构（如用AIGC工具重构营销流程，成本降低40%）； 主导3次以上亿元级AI项目投资论证，推动技术落地转化率超70%

（三）关键技能培养：打造 AI 时代的核心竞争力

1. 技术技能：从工具使用到模型思维

（1）数据处理能力

基础层：精通“Excel Power Query+SQL”，处理 10GB 级结构化数据。

进阶层：掌握 Pandas 数据可视化、PySpark 分布式处理。

（2）算法理解能力

算法模型：线性回归、随机森林、Transformer。

实践路径：在 Colab 复现经典模型，如用 Hugging Face 实现 BERT 情感分类。

（3）AI 工具应用能力

通用工具：ChatGPT（Prompt 工程）、Midjourney（图像生成）、AutoGPT（自动化任务）。

行业工具：医疗领域用 MedPAI 解析病历，金融领域用 BloombergGPT 分析财报。

2. 复合技能：从单一能力到跨界能力融合

（1）跨学科知识融合

参加“AI+X”跨界课程，如 Coursera 的“AI for Healthcare”。

（2）数字素养提升

用 CRAAP 测试法评估 AI 生成内容可信度，每季度更新工具库。

（3）人机协作能力构建

建立“AI 初筛—人类复核”机制，学会用“用户故事法”描述 AI 工具改进点。

3. 软技能：从执行到战略的升维

（1）培养问题定义能力

用“5Why 法”拆解业务问题，如某电商平台优化尺码推荐模型后，退货率下降 18%。

（2）培养持续学习能力

用 Notion 搭建“AI 知识库”，采用“碎片化输入 + 系统化输出”。

（3）培养抗风险能力

掌握多项互补技能，加入副业平台积累跨行业经验。

AI 时代的职业成功，始于对“人机分工”的深刻理解——机器擅长重复计算，人类应聚焦创意决策；机器处理结构化数据，人类负责复杂问题定义。

职业规划的核心在于构建“不可被机器替代的能力组合”。数据处理能力让人理解 AI 输出，行业知识让人判断结果价值，创意与情感能力让人赋予技术人文温度。这是一个“人机共生”的时代，那些能将 AI 技能元素融入职业基因的人，终将在变革中定义出新的职业范式。

未来的职业舞台属于 AI 人才——他们既能与算法对话，也能与人类共情；既懂技术边界，也能突破创新瓶颈。当你开始用 AI 工具提高效率、用模型思维分析问题、用跨学科视角寻找机会时，你已经在绘制属于自己的 AI 时代职业蓝图。最好的职业保障不是筑起技术的围墙，而是锻造驾驭技术的能力——让 AI 成为“最佳搭档”，在数字化浪潮中乘风破浪，实现职业跃升。

二、创业新风口：在AI经济领域挖掘创业机会，开启创新之旅

在安徽合肥的一个居民小区里，情感咨询师柳菲通过手机查看自己的“AI 情感助手”后台数据。她创建的智能体自动回复了 800 多条情感咨询，其中 20% 的用户通过智能体转接至真人咨询，带来 3000 元额外收入。这个曾经需要每天工作 10 小时的创业者，如今借助 AI 分身实现了“24 小时在线服务”，月收入提高 40%。这个故事折射出 AI 经济时代的创业新图景——普通人正通过轻资产、低门槛的方式，在 AI 细分领域开启创新之旅。

（一）AI 创业黄金期：三大细分市场的机会洞察

1. 技术驱动型：深耕 AI 工具的垂直化应用

（1）打造“数字分身”服务网络

“智能体创建平台”让专业人士能快速生成专属 AI 助手。柳菲的实践证明，这种模式具有以下三大优势。

低成本获客。通过百度搜索的流量入口，智能体可触达自然搜索用户，获客成本较传统广告降低 60%。

服务自动化。预设 100 多个情感咨询模板，覆盖“失恋”“婚姻沟通”等高频问题，解放 80% 的重复咨询时间。

分层变现。基础问题由智能体免费解答，深度咨询引导至付费的真人服务，转化率达 15%。

（2）多模态内容生成，抢占创意生产新赛道

SunoAI、Midjourney 等工具催生“AI 创作经济”。

在音乐领域，其独立音乐人用 SunoAI 生成 Demo，在网易云音乐上传量年增 300%，通过版权分成月入 5 万元。

在视觉设计领域，某设计师用 Midjourney 批量生产插画，以 8.8 元 / 幅的价格在电商平台销售，日均接单 200 单，年收入超 60 万元。

在视频制作领域，快手“可灵”工具支持 AI 生成口播视频，其创业者用其为中小企业制作宣传视频，单条报价 500 元，已服务 50 家企业。

（3）行业大模型插件嵌入企业数字化流程

针对 B 端需求，开发垂直领域插件成为新机会。

在金融领域，某创业团队开发“财报智能解析插件”，接入企业 OA 系统，自动提取资产负债表等关键数据，售价 1.2 万元 / 年，已服务 50 家中小企业。

在医疗领域，“病历结构化插件”将非结构化病历转化为可分析数据，

帮助诊所提高电子病历分析效率，按单份病历0.5元收费，月处理10万份，营收5万元。

2. 模式创新型：重构商业流程的轻资产创业

（1）“AI+传统行业改造”，产生效率革命新范式

在教育行业，某教育机构创建“AI作业辅导平台”，用LLM生成个性化错题解析，用户达2000人，年营收120万元。

在零售行业，“AI选品助手”分析淘宝、拼多多的热销数据，为店主推荐爆款商品，收取销售额1%的佣金，某团队服务1000家店铺，月均佣金收入8万元。

在法律行业，某团队开发“合同风险筛查系统”，自动识别20多类法律风险，按合同页数收费（20元/页），年处理1万份合同，营收20万元。

（2）智能自动化，解放重复性劳动力

数据标注自动化。用AI工具处理80%的基础标注（如图片分类），人工仅处理复杂场景标注，某团队承接大厂标注订单，毛利率达到45%。

行政流程自动化。“AI报销助手”自动识别发票，生成报销单，对接企业财务系统，按企业员工数收费，服务50家企业，月营收5000元。

（3）知识变现2.0：从内容输出到系统交付

某培训机构开办“Prompt工程训练营”，通过售卖视频课和实战平台授课，累计招生3000人，营收近600万元。

某团队为传统制造业提供“AI质检方案”，包含设备改造建议和模型部署指导，单项收费5万~10万元，已服务20家企业，营收150万元。

3. 资源整合型：搭建AI应用生态桥梁

（1）区域化AI服务网络

在县域市场方面，设立“AI技术服务中心”，提供智能客服部署、电

商直播数字人等服务，某服务中心服务 100 家中小企业，营收 80 万元。

在跨境电商方面，搭建“多语言 AI 翻译平台”，支持东南亚小语种实时互译，按使用时长收费，某平台服务 500 家跨境电商，月营收 15 万元。

（2）工具集成平台

无代码开发，基于秒哒、文心快码等平台，为中小企业定制专属 AI 工具，如“餐饮智能点单系统”售价为 3000 元 / 套，年销售 1000 套，营收 300 万元。

从事数据聚合服务，整合公开数据集（如 Kaggle、政府开放数据），清洗后按行业打包出售，如“新能源汽车产业链数据”售价为 5000 元 / 份，服务 50 家投资机构，营收 25 万元。

（二）成功创业的三大步骤与案例拆解

1. 轻资产创业：从“一人公司”到“超级个体”

（1）前大厂管理岗人员的 AI 咨询创业路

某大公司总监离职后，通过以下步骤实现年入百万元。

流量奠基。在公众号发布《AI 如何提高电商客服效率》等 10 篇深度文章，吸引 2 万名企业客户关注。

工具赋能。用 AI 工具生成企业流程诊断报告，结合自有行业经验优化，单份报告收费 5000 元，月均交付 20 份，营收 10 万元。

生态延伸。对接百度智能云，为客户部署智能客服系统，赚取 15% 的平台佣金，年促成千万级订单，分成超 80 万元。

（2）关键策略

聚焦细分。选择“电商客服优化”这一垂直领域，避免与大厂直接竞争。

人机协同。AI 负责数据处理和初稿生成，真人聚焦策略制定，效率是原来的 4 倍。

杠杆借力。利用大厂生态（如百度智能云、阿里云 AI 市场）降低技术门槛。

2. 场景深耕：用行业知识构建壁垒

（1）医疗 AI 创业者的差异化突围

某前儿科医生开发“儿童生长发育评估系统”。

专业赋能。输入儿童身高、体重、饮食数据，AI 生成个性化发育建议，结合 WHO 标准和临床经验，准确率达 92%。

多端触达。小程序端免费测评为诊所引流，PC 端为医院提供 SaaS 服务，已接入 20 家儿科诊所。

数据闭环。积累的 10 万条儿童数据反哺模型优化，形成“服务—数据—迭代”闭环。

（2）关键策略

构筑专业壁垒。“医学背景 +AI 技术”，建立“懂业务的 AI”差异化优势。

分层收费。C 端“免费 + 广告变现”，B 端专业服务，降低客户决策门槛。

合规先行。通过医疗器械备案，确保数据安全和服务合规。

3. 生态绑定：借力大厂基建快速落地

（1）智能体开发者获得生态红利

某创业者基于腾讯智能体平台，开发“律师智能助手”。

平台寄生。利用腾讯云提供的法律知识库 API，快速搭建合同审查、诉讼流程咨询等功能。

流量共享。接入微信生态，通过“法律咨询”小程序获取自然流量，转化率达 8%。

提供增值服务。基础咨询免费，深度服务（如合同起草）收费，月均服务 100 次，营收 8 万元。

（2）关键策略

基建复用。依赖大厂的NLP模型、知识库、流量入口，聚焦场景开发。

敏捷迭代。每周根据用户反馈优化智能体对话逻辑，问题解决率从70%提高到85%。

生态分成。参与腾讯智能体开发者计划，享受流量扶持和技术培训。

（三）创业实战：从0到1的关键环节

1. 项目选择的三问定位法

第一问："痛点是否真的存在？"

用"5118需求图谱"分析关键词搜索量，如"AI客服价格"月搜索量达10万次，表明中小企业存在降本需求。可以参考百度指数、微信指数，判断目标市场热度。

第二问："差异化在哪里？"

不做通用大模型，聚焦"AI+美容护肤""AI+宠物健康"等细分领域。

案例参考：某创业者发现市面上没有"宠物食品成分分析"空白，于是他开发AI工具帮助宠物主人选择宠物食品，平台月活用户3万人。

第三问："能否轻资产启动？"

在启动成本上，优先选择无须硬件投入的SaaS、智能体、插件类项目，初始成本控制在5万元内。

在盈利模型上，采用"基础免费+增值收费"，降低用户试错门槛。

2. 团队组建中的核心人才与灵活协作工作

（1）核心职位配置

技术岗：工作可外包（如在Upwork雇用兼职算法工程师），初期不养专职团队。

业务岗：创始人需要亲自跑客户，打磨前3个种子用户，验证商业模式。

数据岗：用Python数据分析兼职（如在猪八戒网找数据标注团队）。

（2）协作工具

在项目管理方面，用Notion搭建知识库，用飞书多维表格跟踪进度，降低沟通成本。

在远程协作方面，腾讯文档实时同步，GitHub管理代码，适合分布式团队。

3. 资金筹集：以多元渠道降低风险

自筹启动。初期投入控制在10万元内，优先使用个人储蓄。

平台扶持。申请百度智能云“初创企业计划”（提供10万元算力补贴）、阿里云“繁星计划”（免费API调用额度）。

政府补贴。申请各地“AI创新基金”（如深圳给予5万~50万元初创补贴）、科技型中小企业认定（享受研发费用加计扣除）。

4. 三大核心风险控制

在技术风险控制方面，同时接入2~3个大模型API（如“百度文心+阿里云通义”），避免单一依赖。使用Hugging Face开源模型作为备用，降低断供风险。

在市场风险控制方面，通过“最小可行产品（MVP）”测试，如先开发微信小程序Demo，积累100个种子用户后再全面推广。例如，某教育类创业者通过抖音短视频测试课程反响，转化率达标后再开发App，避免资源浪费。

在合规风险控制方面，确保数据合规，如使用腾讯云数据加密服务，医疗类项目通过ISO27701隐私认证；确保内容合规，如接入百度内容审核API，自动过滤敏感信息，避免平台封禁。

5. 实战工具包：创业加速必备

在创意验证阶段，使用需求分析工具（如 Answer the Public）。核心功能为挖掘用户真实需求，生成产品功能清单。

在快速开发阶段，使用代码平台（如秒哒、明道云）。核心功能为 10 分钟内生成业务管理系统。

在智能体创建阶段，使用平台生态工具（如百度智能体、腾讯智谱）。核心功能为一键生成专属 AI 助手，支持多轮对话和服务跳转。

在营销获客阶段，使用私域运营工具（如企业微信 SCRM、微店）。核心功能为构建客户池，自动化推送 AI 生成的营销内容。

在数据管理阶段，使用轻量化 BI 工具（如简道云、SeaTable）。核心功能为可视化分析用户数据，优化产品策略。

AI 创业不需要精通算法，也不需要巨额投入，只要具备敏锐的商业嗅觉和基础的 AI 工具使用能力，任何人都能在细分领域找到机会。

这是一场属于"跨界者"的盛宴：文科生用创意驾驭 AI 生成工具，传统行业从业者用经验重构业务流程，连续创业者用生态思维整合资源。关键在于是否能跳出"技术崇拜"，聚焦"场景价值"——AI 不是目的，解决真实问题才是重点。

未来的 AI 创业，将呈现"碎片化需求—轻量化解决方案—生态化协作"的新模式。用智能体解放双手，用专业知识服务客户，每个创业者都能成为"AI+X"的价值节点。记住，最好的创业机会不在技术前沿，而在那些 AI 尚未渗透的传统角落——那里有未被满足的需求，有等待重构的流程，有属于自己的创新空间。

三、素养进阶：提升数字素养，增强个人在AI时代的核心竞争力

在广州某传统制造业工厂，车间主任卫铁柱面临着职业危机。随着AI质检系统上线，他熟悉的人工品控流程被逐步替代。但他没有被动等待，而是利用业余时间学习Python数据分析和LLM工具，三个月后竟主导开发了“缺陷数据智能分析系统”，将车间次品率降低15%，自己也从基层管理者转型为企业数字化顾问。这个案例揭示了AI时代的生存法则：数字素养不再是加分项，而是构成个人竞争力底盘的核心要素。

（一）AI时代数字素养的全新内涵：从技能到思维的升维

1.数字素养的三维重构

（1）数据素养构建：从数据接收者到数据驾驭者

培养基础能力。使用Pandas清洗10万级数据，识别异常值。经过培训后，掌握数据清洗的员工的问题定位效率提高40%。

培养进阶能力。通过Tableau生成动态看板，追踪关键指标。某汽车工厂使用可视化看板，使管理层决策时间缩短了60%。

培养核心思维。建立“数据优先”决策习惯，如卫铁柱通过分析质检数据发现“模具磨损周期”与“缺陷率”的强相关性，提前3个月更换模具，避免200万元损失。

（2）工具素养构建：从工具使用者到流程设计者

在通用工具方面，精通rompt工程，能写出高效指令。某咨询公司员工使用优化后的Prompt，报告产出效率是原来的4倍。

在行业工具方面，制造业需要掌握Minitab（统计过程控制），医疗行

业需要精通 MedPAI（病历解析）。卫铁柱使用工业级 AI 质检工具后，缺陷识别模型调优速度是原来的 3 倍。

在工具组合方面，设计“数据采集—分析—生成”的工作流。某快消品企业的市场分析流程从 5 天缩短至 8 小时。

（3）批判素养：从信息接收者到真伪鉴别者

信息甄别：用 CRAAP 测试法评估 AI 生成内容，某金融分析师借此识别出 3 份含过时数据的报告，避免投资误判。

逻辑验证：对 AI 输出的“因果关系”保持怀疑，某电商平台运营通过此方法发现真实驱动因素是供应链优化。

伦理判断：识别 AI 输出中的偏见，某 HR 使用 Fairlearn 工具检测招聘模型，将性别歧视误判率从 18% 降至 3%。

2. 数字素养与职业发展的强关联

麦肯锡 2024 年报告显示，数字素养高的员工具有以下优势。

晋升速度快 35%，尤其在“AI+ 传统行业”转型岗位（如智能生产经理、数据化运营官）。

薪资溢价达 25%~40%，如同时掌握 Python 和 LLM 的客服主管月薪较传统岗位高 1.8 倍。

抗失业风险能力强 2 倍，在重复性岗位智能化浪潮中，转型成功率达 72%。

（二）数字素养提升的三大支柱：学习、实践、迭代

1. 系统化学习：构建数字素养知识图谱

（1）数据素养进阶路径

表9-2　数据素养阶梯式提升路径与实战对比

发展阶段	对比内容		
	时间范围	核心任务	实战项目/行业结合
入门阶段	0~3个月	夯实基础工具与数据思维	分析个人年度消费数据，用Matplotlib生成可视化报告； 爬取电商平台商品数据，完成基础数据清洗（异常值处理）

续表

发展阶段	对比内容		
	时间范围	核心任务	实战项目/行业结合
进阶阶段	3~6个月	掌握专业工具与行业适配	分析车间设备日志，识别停机风险因素（准确率大于80%）； 处理电子病历数据，构建疾病诊断相关性模型（如糖尿病并发症关联分析）
高阶阶段	6个月以上	深度学习应用与创新实践	用LLM生成企业季度财报数据洞察报告（支持多维度指标解读）； 开发智能客服对话分析模型，识别用户痛点并生成改进建议（如某银行客服系统问题解决效率提高35%）

（2）工具素养提升策略

在数据处理方面，可使用的工具有Excel、Google Sheets、Python Pandas、SQL。

在智能生成方面，可使用的工具有ChatGPT、Bing Chat、Midjourney。

在可视化方面，可使用的工具有Tableau、Power BI、Python Matplotlib。

在工具学习技巧方面，参加“工具马拉松”，加入工具社群。

（3）批判素养生成方法

信息验证三步法如下所示。

来源追溯。用Wayback Machine核查AI生成内容的原始数据出处。

逻辑拆解。用“鱼骨图”分析AI结论的推理链条。

交叉验证。通过多个信源对比，某金融从业者识别出AI生成的错误投资建议。

2. 场景化实践：在真实任务中打磨能力

（1）职业场景应用

制造业：用Python爬取设备物联网数据，识别高频故障模块；用AI工具生成故障处理预案；主导搭建“缺陷数据驾驶舱”，实现实时预警。

服务业：某客服专员用Excel分析历史对话，发现“退货咨询”占比

35%；用 AI 工具生成优化后的客服话术，使问题解决率提高 22%；开发“客服效率仪表盘”。

（2）生活场景应用

个人理财：用 Python 分析银行流水，识别非必要支出，年度节省 15% 的开支。

健康管理：通过智能手表数据和 LLM 生成健康建议，某用户坚持 3 个月后体脂率下降 5%。

学习规划：用 Notion 搭建“数字素养知识库”，分类存储工具教程、行业案例、实战笔记。

（3）项目实战平台

Kaggle：参加“泰坦尼克号生存预测”等经典竞赛，积累数据建模经验。

GitHub：上传数据分析脚本，加入开源项目贡献代码。

3. 动态迭代：构建个人数字素养升级系统

（1）能力评估工具

使用数字素养自评表，内容包含数据素养、工具素养、批判素养（1~5 分）。

定期参加平台提供的 Python、数据分析等官方认证。

（2）知识更新策略

关注“技术雷达”。每月浏览《麻省理工科技评论》《哈佛商业评论》AI 专栏。

参加行业峰会。每年至少参加 1 次人工智能大会。

建立“反脆弱”知识结构。学习多个互补领域内容（如“数据可视化 + 商业分析”）。

（3）人脉圈层拓展

加入垂直社群，如“中国数据分析师联盟”“AI 工具开发者社群”。

在线上平台预约资深数据科学家，获取个性化成长建议。

参加线下工作坊，如“Python 实战工作坊”。

（三）数字素养提升的实操工具箱

1. 效率工具包

在数据处理方面，用 Power Query、OpenRefine。

在智能生成方面，用 AutoGPT、Jasper。

在批判验证方面，用 CrossCheck、Fairlearn。

2. 成长管理工具

可使用 Notion 数字素养看板，记录学习进度、工具掌握度、项目实战成果。

使用 Forest 专注 App，提升学习专注度。

使用时间统计 App，追踪每日数字技能练习时间，确保每周不少于 10 小时。

AI 时代的数字素养，本质是“人机协作能力”的综合体现——既能理解算法逻辑，又能保持人类的批判思维；既能熟练使用智能工具，又能把控技术的应用边界。

个人的核心竞争力，将来自“数字素养 × 行业经验 × 创意能力”的乘法效应结果。数据素养让你看懂 AI 输出的价值，行业经验让你判断某个结果的可行性，创意能力让你突破技术的限制。这不是要求每个人都成为程序员，而是需要建立“技术敏感型”思维——知道何时该让 AI 上场，何时该人类把关，如何让技术为我所用。

提升数字素养的过程，实质上是重塑个人与世界的交互方式的过程。从被动接收信息，到主动驾驭数据；从机械执行流程，到设计智能工作流；从盲从技术结论，到理性验证批判。这是一个持续进化的过程，但回报也是丰厚的——它不仅能帮你抵御职业变化风险，还能让你在 AI 浪潮中找准定位，成为不可替代的“人机协作型”人才。

第十章

AI经济的未来蓝图与可持续发展之路

一、趋势前瞻：AI经济未来发展的趋势与方向研判

在波士顿的麻省总医院，肿瘤专家莎拉与一台量子计算机系统协作，为一位晚期肺癌患者制订治疗方案。这套由 IBM 与医院共同开发的量子经典混合系统，以每秒万亿次的运算速度分析患者的基因序列与药物分子结构，将原本需要 3 个月的药物筛选周期缩短至 72 小时。当系统最终推荐出一种此前未被关注的新型抑制剂时，莎拉惊叹于技术融合的力量——这是 AI 与量子计算在医疗领域的突破性应用，也预示着 AI 经济将进入技术融合、产业重构与全球拓展的全新阶段。

（一）技术融合：开启跨维度创新的新纪元

1. 量子计算与 AI 的协同突破：破解复杂系统问题的钥匙

量子计算凭借量子比特的叠加与纠缠特性，在处理复杂优化问题上展现出指数级优势，与 AI 的结合重塑出多个领域的问题解决范式。

在生物医药领域，IBM 的量子机器学习算法在蛋白质结构预测中，将传统方法的误差率降低 40%，助力新药研发周期缩短 30%。

在金融领域，摩根士丹利采用量子算法优化投资组合，在风险控制不变的前提下将收益提升 25%。

在物流领域，新加坡港务局通过量子 AI 模型优化集装箱调度，使港口吞吐量提升 18%，能耗降低 22%。

建立跨学科实验室。企业可效仿 DeepMind 与牛津量子实验室的合作模式，组建“AI+ 量子计算”联合研发团队，聚焦特定行业问题。

利用开源工具链。借助 IBM Quantum Experience、谷歌 Cirq 等开源平台，

降低中小企业技术准入门槛，快速验证量子 AI 混合算法的商业价值。

2.AI 与生物技术的深度共生：两者重构生命科学范式

AI 从数据处理工具升级为生物创新的核心驱动力。

在基因编辑与精准医疗方面，Editas Medicine 利用深度学习优化 CRISPR 基因编辑靶点预测，将脱靶率从 15% 降至 3%；华大基因的 AI 系统可基于 2000 多个基因位点数据，为癌症患者提供个性化用药方案，有效率提高 35%。

在合成生物学与生物制造方面，AI 通过预测最佳代谢路径，将生物合成工艺开发周期缩短 40%。例如，Amyris 利用机器学习设计酵母菌株，将抗疟药物青蒿素的生产成本降低 80%，年产量突破 100 吨。

构建生物数据闭环。企业可建立“实验数据—模型训练—工艺优化”的闭环系统，如拜耳作物科学搭建的 AI 育种平台，将新品种研发周期从 8 年缩短至 5 年。

开源协作与工具共享。利用 DeepMind 开源的 AlphaFold 蛋白结构预测工具，中小企业可快速进入合成生物学领域，聚焦细分场景。

（二）全球 AI 经济的区域分化与发展路径

1. 北美技术原创与生态建造双轮驱动

美国凭借硅谷的技术集聚效应和华尔街的资本优势，在基础层（如 GPU 芯片、大模型研发）保持领先。OpenAI 的 GPT 模型训练消耗的算力相当于 10 万颗 GPU 全年运行的算力，而英伟达的 H100 芯片占据全球 AI 算力市场 68% 的份额。区域内形成“技术研发—场景验证—全球化输出”的生态闭环。

2. 亚太应用落地与规模扩张的双重机遇

中国以“场景丰富度 + 工程化能力”形成差异化优势，2023 年智能驾驶专利申请量占全球总量的 47%；印度则凭借低成本数据标注产业（占据全球 60% 的市场份额）与垂直领域 AI 解决方案，构建“数据—算法—应用”的区域生态。

本地化场景深耕。东南亚企业可借鉴 Grab 的 AI 调度系统经验，针对区域交通特征开发定制化模型，将配送效率提高 30% 以上。

政策红利捕捉。把握中国“十四五”AI 专项规划中的专项补贴，聚焦“AI+ 制造业”升级。

3. 欧洲伦理治理与产业适配的平衡探索

欧盟通过《人工智能法案》建立风险分级监管框架，要求高风险 AI 系统（如招聘算法、医疗诊断）必须通过透明度审查与数据溯源机制审核。荷兰的医疗 AI 公司在提交肺癌诊断系统时，需要公开算法训练数据来源及误差率，才能获准进入市场。

建立伦理委员会。企业可参照德国博世的做法，在研发阶段嵌入伦理评估流程，确保 AI 系统符合 GDPR 要求。

使用合规工具链。利用欧盟提供的 AI 透明度工具包，定期生成《技术伦理报告》，降低跨境部署风险。

（三）新兴场景应用：从技术突破到商业生态的构建

1. 元宇宙与空间计算重构交互与价值创造

生成式 AI 与 AR/VR 的融合催生新商业形态。耐克在 Roblox 搭建虚拟商店，用户通过浏览 AI 设计的虚拟鞋款组装出专属的外观，年交易规模突破 10 亿美元；微软 Mesh 平台允许跨国团队利用数字孪生技术协同设计产品，将汽车原型开发周期缩短一半。

中小企业可从“工具型应用”切入，如利用 Midjourney 生成商品 3D 展示模型，使电商页面转化率提高 35%。

2. 脑机接口与医疗革命——从辅助工具到能力延伸

非侵入式脑机接口技术进入临床验证阶段，Neural Interface 系统使渐冻症患者通过意念打字的准确率达85%，沟通效率提高3倍；中国脑虎科技的植入式柔性电极在汉语脑电信号解码上取得突破，帮助失语患者重建语言功能。

聚焦刚需场景。优先开发康复辅助类设备，如针对帕金森患者的AI脑电调控装置已在日本完成临床试验，使震颤频率降低40%。

构建数据安全壁垒。参照Neuralink的做法，建立端到端加密机制，确保脑电数据全流程合规。

3. 边缘AI与智能终端的算力下沉的万亿级市场

随着AI手机（渗透率已达65%）、车载AI（2025年市场规模将超500亿美元）的普及，端侧算力需求爆发式增长。华为Mate 60的NPU芯片使本地图像识别速度提升300%，而特斯拉FSD芯片每秒处理2000帧视觉数据，提供实时自动驾驶决策。

市场切入策略有以下两种。

一是设计模块化解决方案，通过提供"硬件模组＋软件算法"的标准化模块，降低中小企业技术集成门槛。

二是根据行业适配指南，针对商用冷链开发专用AI模块，通过温度、湿度数据实时分析，将压缩机故障率降低35%。

（四）可持续发展：构建技术创新与社会价值的生态平衡

1. 绿色AI与能效优化

数据中心的能耗问题催生"绿色AI"技术创新，谷歌通过深度学习优化冷却系统，使数据中心PUE（能源利用效率）降至1.1，年节电30%；微软Azure采用液冷服务器与AI调优算法结合，算力提升50%，碳排放减少40%。

2. 伦理标准与全球治理

随着 AI 决策渗透医疗、金融等关键领域，建立统一伦理标准成为刚需。欧盟《人工智能法案》的风险分级制度（将 AI 系统风险分为不可接受、高风险、低风险三类）正被多国借鉴，加拿大的《AI 与数据法案》要求金融 AI 系统必须披露“影响因子权重”。

波士顿的量子 AI 系统成功为肺癌患者找到新治疗方案的案例，不仅代表技术突破，还预示着 AI 经济进入“价值共生”阶段。企业需要摒弃单一技术竞争思维，转而构建“技术研发—场景落地—伦理合规—可持续发展”的多维生态。北美企业强化基础研究与全球布局，亚太地区聚焦工程化落地与场景创新，欧洲探索伦理治理与产业适配，核心在于把握技术融合的“临界点”。这要求从业者兼具技术敏锐度与社会责任感，在算力竞赛中保持伦理清醒，在场景创新中注入可持续基因，最终实现技术红利与人类福祉的共振。

二、伦理迷局：AI伦理困境的深度剖析与矩阵工具应对策略

在纽约某科技公司的招聘系统中，女工程师朱晓静连续三次在算法筛选中被标记为“高风险候选人”，理由是“过往项目经历与岗位需求匹配度不足”。深入调查后发现，该系统的训练数据源自过去 10 年的招聘记录，而历史数据中女性管理者的比例不足 20%，导致算法无意识地强化了“技术岗位招聘更偏向男性”的隐性偏见。这个案例折射出 AI 伦理困境的冰山一角——当算法基于带有偏见性的数据作出决策时，系统性歧视正以隐蔽的方式蔓延。

（一）算法偏见——数据阴影下的决策失衡

1. 偏见传导的三层原因

（1）历史数据延续惯性

训练数据若源自存在歧视的历史记录，算法会系统性继承偏见。例如，某量刑系统因使用含种族偏见性的历史犯罪数据，导致对黑人罪犯的再犯罪误判率比白人高 40%；某招聘算法因依赖以男性为主的工程师简历数据，对女性申请者的推荐概率降低 35%。

（2）设计者存在认知局限

开发团队的同质化加剧了偏见渗透。某医疗 AI 公司的糖尿病筛查模型，因开发者缺乏对少数族裔生理特征的认知，对非裔患者的漏诊率比主流群体高出 25%。

（3）技术架构的黑箱特性

深度学习模型的不可解释性使偏见难以被察觉。某银行信贷算法通过邮编、消费习惯等代理变量推断信用等级，却间接歧视了低收入社区，工程师无法追溯具体决策逻辑，导致合规审查耗时增加 300%。

2. 社会影响的涟漪效应

资源分配不公。教育 AI 系统对低收入家庭学生的个性化推荐准确率比富裕家庭低 22%，加剧了教育机会不平等。

存在信任危机。人脸识别系统在黑人群体中的误识率比白人高 10%，导致警方使用该技术时投诉量是原来的 5 倍。

存在职业歧视。科技公司招聘系统使女性技术岗位申请者的通过率降低 28%，加深了行业性别结构失衡。

3. 矩阵工具应对，构建三维伦理评估矩阵

构建包含“数据—算法—结果”的三维矩阵，对偏见风险进行量化评估（见表 10–1）。

表10-1 AI算法偏见的三维伦理评估矩阵

评估维度	对比内容			
	评估指标	工具示例	操作步骤	案例应用
数据层	群体代表性、数据偏差率、敏感变量覆盖	IBM AI Fairness 360	1. 按性别、种族、年龄等分组统计样本占比，要求弱势群体样本量占比大于30% 2. 检测历史数据中违规记录的群体分布偏差（如某群体处罚率高于平均值20% 需预警） 3. 审计数据中是否包含婚姻状况、宗教信仰等隐性敏感变量	某招聘系统补充女性管理者数据（占比从 25% 提升至 40%），数据偏差率降低 35%
算法层	可解释性、公平性指标、对抗样本鲁棒性	SHAP 值分析工具、公平性指标库	1. 用 SHAP 可视化模型对性别、种族特征的权重，要求敏感特征权重≤5% 2. 计算不同群体预测准确率差异 3. 输入对抗样本（如修改 1 个敏感特征），测试模型决策稳定性，要求分类结果变化率小于15%	降低招聘模型的性别特征权重（从 12% 降至 3%），群体准确率差异从 18% 降至 8%
结果层	决策影响差异、群体反馈率、长期歧视累积	伦理影响评估报告	1. 对比对不同群体的最终决策结果（如贷款额度、晋升机会），要求对优势群体与弱势群体的决策差异小于15% 2. 建立用户反馈通道，要求群体反馈率大于5% 3. 追踪三年期数据，监测群体待遇差异是否扩大（如年度调薪幅度差异小于5%）	建立候选人反馈机制后，招聘系统投诉量下降60%，群体通过率差异收窄数值为 5%

（二）隐私侵犯：数据狂欢下的权利边界模糊

1. 三重维度侵权

（1）超范围数据采集

某社交 App 在用户未授权情况下，通过麦克风录音推断用户消费习惯，将家居用品广告推送频率提高 40%；某医疗 AI 系统未经同意收集患者的基因数据，用于商业保险风险评估，导致特定疾病群体保费上涨 35%。

（2）敏感信息推断

某电商平台利用用户浏览记录、收货地址与消费频次，可精确推断用户收入水平；某孕妇 App 以叶酸购买记录、母婴论坛浏览数据，提前 3 个月推送孕期保健品广告，使个人健康状态信息泄露。

（3）数据非法聚合

医疗数据与金融数据非法聚合，生成“健康信用分”，如某保险公司据此拒绝为糖尿病患者提供房贷，风险评估偏差率达 45%。

2. 隐私保护的矩阵工具应用

结合技术手段与流程管控，构建“采集—存储—应用”三维隐私保护矩阵。

数据应用维度保护机制包括联邦学习、隐私计算、权限沙箱。实施步骤为跨机构合作时采用联邦学习，实施隐私计算技术，建立“权限沙箱”分级体系。

其他保护机制内容包括数据影响评估 (DPIA)、合规认证。实施步骤为新产品上线前强制进行 DPIA 评估，定期进行隐私合规审计，对高风险应用实施“双重校验”。

例如，某区域医疗联盟使用三维隐私保护矩阵工具，在整合 20 家医院的糖尿病数据时，通过使用差分隐私技术、区块链存证、联邦学习，最终实现“数据可用不可见”，患者隐私泄露投诉量下降 85%。

（三）就业结构变迁：人机博弈下应对技能断层挑战

1. 冲击的双重效应

（1）替代效应的显性冲击

在制造业中，30% 的装配岗位工人被工业机器人取代，富士康郑州工厂引入 AI 质检系统后，质检人员需求量下降 45%；客服行业因自然语言处理技术，50% 的基础咨询岗位消失。

（2）创造效应的隐性重构

新兴职业包括 AI 训练师、数据标注员、伦理审计师。

2. 技能断层的三大表现

能力错配。在传统制造业中，仅 15% 的员工具备 Python 基础，难以转型为工业机器人运维员。

存在知识孤岛。在金融行业风控人员中，仅 8% 的人掌握深度学习模型调优技能。

收入极化。算法工程师平均年薪达 85 万元，而数据清洗员平均年薪不足 15 万元。

3. 矩阵工具应对：使用技能转型三维矩阵

构建“技能—岗位—培训”三维矩阵，破解人机协作时代的就业困境。

岗位层的评估指标包括新旧岗位需求匹配度、人机协作复杂度、职业发展潜力。通过岗位热力图工具分析技能重叠率，明确新兴岗位的技能组合，优先布局高增长岗位。

培训层的评估指标包括培训内容针对性、方式灵活性、效果转化率。利用企业内部培训平台开发“AI+ 行业”模块化课程，采用“线上理论学习 + 线下场景实训”。

例如，某家电制造企业通过三维矩阵设计转型方案，最终使 70% 的质检工人实现转型，岗位流失率从预期的 50% 降至 18%，新岗位的质检效率提高 40%。

（四）矩阵工具的系统化应用：从被动应对到主动设计

1. 伦理治理的底层逻辑重构

企业需要将伦理评估嵌入研发全流程，建立“数据审计—算法校验—结果回溯”的闭环机制。例如，某金融科技公司在开发信贷模型时，通过数据审计、算法校验、结果回溯，提升了整体公平性指标。

2. 可持续发展的平衡

兼顾短期效率与长期韧性。制造业企业在引入 AI 时，预留 20% 的岗位用于“人机协作过渡”，使生产线效率提高 30%，工人转岗成功率达 65%。

某科技公司通过使用矩阵工具修正招聘算法偏见，医疗 AI 系统在隐私保护矩阵下实现数据“可用不可见”，制造业工人通过三维转型矩阵重获职业竞争力，可以看到 AI 伦理困境的破解之道不是技术回避，而是建立“检测—干预—进化”的动态治理体系。矩阵工具的价值在于将抽象的伦理原则转化为可操作的评估维度，让技术创新与社会价值在每一个业务节点实现量化平衡。未来，企业需要将伦理矩阵嵌入产品生命周期，这不仅是合规方面的要求，还是构建可持续竞争优势的关键。

三、全球博弈：全球AI经济格局下技术普惠数字鸿沟的沙漏模型解读

在肯尼亚首都内罗毕的基贝拉地区，社区医生阿米娜使用一款由美国公司开发的 AI 诊断系统。尽管系统在欧美数据训练中表现优异，但面对当地高发的疟疾和伤寒，误诊率高达 35%。问题的症结在于训练数据中非洲患者的基因样本占比不足 1%，导致算法对热带疾病的特征识别存在偏差。这个案例折射出全球 AI 经济格局的深层矛盾——当技术红利在少数国家形成“沙漏顶端”的集中效应时，其他应用不成熟的国家面临的不仅是技术应用的鸿沟，还是数据主权与发展机会上的失衡。

（一）全球 AI 经济竞争格局的分层与优势差异化

1. 顶层应用国家技术垄断与生态构建

美国：以“基础研究＋资本驱动”占据全球 AI 生态顶端，OpenAI 的 GPT 模型训练消耗的算力相当于 10 万颗 GPU 全年运行的算力，英伟达的 H100 芯片占据全球 AI 算力市场 68% 的份额。

中国：在应用层形成独特优势，2023 年智能驾驶专利申请量占全球总量的 47%，海康威视的 AI 安防系统覆盖全国 80% 的智慧城市。

欧盟：选择“伦理治理＋技术合规”的差异化路径，《人工智能法案》建立风险分级监管框架，要求高风险 AI 系统（如医疗诊断、招聘算法）必须公开数据来源与决策逻辑。

2. 中层应用国家处于技术扩散瓶颈地带

印度：凭借低成本数据标注产业（占据全球 60% 的市场份额），成为 AI 训练的“数据工厂”，但高端算法研发能力薄弱。

新加坡：聚焦“场景适配”，针对城市交通高密度特征开发的自动驾驶系统，在拥堵场景的决策效率比通用模型高出 30%，但对于核心算力模块仍需进口英伟达芯片。

韩国：通过“硬件＋应用”协同突破瓶颈，三星在存储芯片领域的优势（全球市场占比 45%）与本土 AI 企业的场景开发结合，在半导体制造中，首尔的智能工厂解决方案应用后良品率提高 22%。

以色列：依托“军工技术转化”形成特色生态，其开发的无人机 AI 避障系统在复杂地形中的准确率达 98%，但因市场规模有限，70% 的技术成果需要依赖欧美渠道转化。

（二）沙漏模型反映技术普惠的结构性失衡

1. 模型定义与三层结构

全球 AI 经济呈现“沙漏型”格局（见表 10–2）。

表10-2　全球AI经济沙漏模型分层格局

结构层次	占比	核心特征	典型案例	关键数据与影响
顶层	10%	掌握核心技术（芯片设计、大模型训练、伦理标准），构建专利与数据壁垒	美国英伟达GPU芯片占全球AI算力市场75%的份额； 中国百度文心一言、阿里通义千问进入全球大模型第一梯队； 欧盟《人工智能法案》建立风险分级制度	技术霸权导致、大模型专利集中度超80%
中层	30%	具备场景适配能力，但依赖外部技术输入	东南亚Shopee电商AI客服系统的底层NLP模型采购自阿里云； 印度Flipkart智能推荐系统的核心算法依赖Meta开源框架	技术依赖导致中层应用国家AI应用毛利率仅为25%（顶层企业达65%），数据主权面临外流风险
底层	60%	面临“接入鸿沟”（基础设施薄弱）与“能力真空”（本土技术缺失）	非洲肯尼亚医疗AI系统因缺乏热带疾病数据，疟疾误诊率比人工诊断高出22%； 巴西农业AI监测系统80%的传感器数据需要上传至美国云端处理	AI基础设施覆盖率小于15%，数字鸿沟导致底层应用国家AI渗透率不足5%，技术依赖成本占项目预算的40%以上

2. 双重数字鸿沟

接入鸿沟：全球仍有一些地区未接入互联网，非洲的5G覆盖率不足8%，而美国、韩国已超过60%。

能力鸿沟：发展中国家仅有12%的劳动力具备AI基础技能，而发达国家这一占比达45%。

3. 沙漏模型的动态强化机制

顶层应用国家通过“数据—算法—资本”闭环形成马太效应。谷歌利用全球60%的搜索数据优化翻译模型，使翻译准确率每提高5%，就能抢占10%的新兴市场份额；中国依托自动驾驶里程数据训练算法，使智能驾驶系统对复杂路况的决策效率较欧美方案高35%。中层应用国家虽能承接部分技术应用，却因缺乏核心数据主权（如泰国80%的医疗AI数据存储于美国云端），陷入“技术依赖—数据外流”的恶性循环。底层应用国家则因双重鸿沟，在全球AI价值链中仅能参与数据标注等低附加值环节，肯尼亚数据标注员的时薪不足2美元，而美国同类岗位时薪达30美元，进一步加剧贫富分化。

（三）从沙漏瓶颈到普惠生态的破局之路

1. 国际协作：构建技术转移新机制

建立多边技术共享平台。建立区域性AI算力中心（如东南亚AI算力枢纽），向成员国提供低成本算力服务。

推行《全球数据共享公约》，要求技术输出国开放10%~15%的训练数据配额给受援国。

2. 本土能力建设：分层突破瓶颈

基础层：推广“100小时AI扫盲计划”，聚焦基础工具使用。

进阶层：建立“校企联合实验室”，定向培养具备场景建模能力的人才。

顶端层：设立国际奖学金计划，每年输送5000名底层应用国家学生到顶层应用国家深造。

在场景化技术适配方面，鼓励企业开发“轻量化AI解决方案”，如华为为东南亚市场推出的“5G AI农业套件”，针对热带气候下的水稻种植，集成低算力需求的病虫害识别模型。

3. 政策赋能：打造包容性发展生态

实施差异化补贴政策。顶层应用国家设立“技术普惠基金”，对向底层应用国家输出适配技术的企业给予税收减免。

监管沙箱试点。欧盟在非洲启动“伦理沙箱计划”，允许底层应用国家在医疗 AI 领域试点宽松监管。

（四）案例实践：肯尼亚的破茧之路

在国际组织与本地企业的合作下，“沙漏型适配方案”正在落地。

顶层协作。微软捐赠边缘计算设备，并开放热带疾病诊断模型的微调权限。

中层适配。本地科技公司开发“离线版 AI 诊断终端”，支持斯瓦希里语的语音输入。

底层培训。启动“100 小时乡村医生 AI 培训”，使社区卫生工作者能自主更新本地疾病特征库。

这套方案通过分层赋能，使技术红利真正渗透沙漏底部。在两年内，基贝拉地区的热带病误诊率下降 60%，基层医疗效率提高 40%，使其成为“AI 普惠医疗示范区”。

全球 AI 经济的沙漏模型反映了一个核心悖论：技术越先进，普惠越需要系统性设计。破解数字鸿沟问题的关键，在于从“技术倾销”转向“技术共生”。顶层应用国家需要开放部分技术接口，中层应用国家需要聚焦场景适配创新，底层应用国家则需要构建数字基建。这三层联动的核心，是建立“数据主权共享—能力分层培养—伦理共商共治”的新机制。

未来的全球 AI 治理，需要超越零和博弈，针对顶层技术创新与底层技术吸收，建立“旋转门”机制——允许数据双向流动，支持人才跨境循环，构建伦理标准互认体系。AI 技术像沙漏中的细沙般均匀流动，每个国家都能在 AI 价值链中找到独特定位，才能真正证明“技术普惠不是施舍，而是全球创新网络的必然选择”。它不仅关乎道义责任，还诠释了 AI 经济可持续发展的底层逻辑。

四、发展良方：推动AI经济健康可持续发展的策略与建议

在杭州，某初创公司创始人方盛带领团队研发 AI 心电图诊断系统，依托政府“AI+ 医疗”政策，整合 200 万份基层病例数据，培养 500 名复合型人才，使青海偏远地区先心病检出率从 65% 提高到 92%，成本降至传统设备成本的 1/3。这一案例印证了 AI 经济可持续发展需要政策、企业、人才、国际合作形成合力。

（一）政策护航：构建动态治理框架

1. 分层监管：平衡风险防控与创新包容

政府应建立“风险分级 + 沙箱试点”体系。

对医疗、金融等领域实施强制伦理审查。例如，要求 AI 医疗系统公开训练数据的地域、性别分布，某骨科 AI 系统因藏族患者数据不足被要求补充训练，使该群体诊断准确率提高 28%。

在智能客服等领域设立监管沙箱。上海“AI 教育沙箱”允许企业试运行个性化学习系统，仅需按季度提交隐私报告，产品落地周期缩短 40%，数据泄露投诉率下降 65%。

2. 资源配置：从补贴到生态构建

政府应转向“基础设施 + 公共服务”。

建设国家级算力平台，如贵州“东数西算”将算力价格降至行业价格的 60%，某湖南企业模型训练时间缩短 50%，研发成本降低 35%。

开放公共数据，建立分级共享平台，如广东开放 10 大类脱敏数据，某保险企业利用交通数据优化车险模型，郊区事故预测准确率提高 22%，

定价效率提高 40%。

（二）企业担当：技术创新与社会责任双轮驱动

1. 技术创新：嵌入社会价值

企业需要将公平性融入研发。

进行伦理前置设计。微软招聘算法加入“群体公平性校验”，使用 AI Fairness 360 工具包，使女性应聘者推荐率从 32% 提高到 48%。

开发普惠产品。深睿医疗通过利用“模型瘦身”技术，将基层肺癌筛查成本从 2000 元降至 300 元，云南、新疆早期肺癌检出率提高 60%，准确率保持在 92% 以上。

在公平性方面，IBM 偏差检测工具要求亚群体准确率差异小于 15%，某教育 AI 补充县域数据后评分公平性值提高 35%。

在隐私保护方面，腾讯微保采用联邦学习，与医院合作时数据不出本地，隐私风险值下降 80%，模型准确率为 89%。

在普惠性方面，美团在贵州推出苗语版无人配送系统，提高少数民族用户的接受度。

2. 履行社会责任：主动融入商业模式

发展绿色 AI。谷歌优化数据中心冷却系统，PUE 降至 1.1，年节电 30%；阿里云帮助钢铁企业降低能耗 18%，技术落地 50 多个园区。

就业赋能。富士康“AI 技能转型学院”培训工人，70% 转型为“AI 产线协管员”，薪资提高 25%，生产线效率提高 35%，海尔、美的等复制该模式，培训 10 万名工人。

3. 人才培养：构建复合型能力体系

（1）三层培养架构破解技能断层难题

基础层培育全民数字素养。开发“100 小时 AI 入门套餐”，山东某纺织厂培训后工人操作熟练度从 25% 提升至 78%；建立“AI 应用专员”认证，中级认证侧重行业场景实操，高级认证聚焦伦理决策。

进阶层进行校企协同。开设“医疗 AI 硕士班”，学生临床与算法学分各占 50%；华为与职校共建实训基地，学员就业率达 95%，起薪高 30%。

顶端层发展尖端研究。国家实验室给予科研团队自主权，上海 AI 实验室类脑计算成果的应用使图像识别能耗值下降 60%。

（2）院校改革：重构课程与评价

交叉学科融合。“AI+ 金融”专业融合量化算法与风险管理。

增加动态课程。根据行业需求新增“车路协同算法”等课程，引入企业讲师，学生就业率达 98%，实操能力大幅提升。

构建评价体系。采用“技术 + 伦理”双维度，技术维度含代码质量、模型效能，伦理维度考核数据公平性、隐私保护方面是否达标。

（三）国际合作：从竞争到共生

1. 技术共享三层机制

（1）基础层开源生态

“欧拉 AI 开源计划”开放基础模型，非洲国家基于此开发斯瓦希里语识别模型，训练成本降低 80%，准确率达到 89%，电商客服自动化率提高 40%。

（2）应用层跨国研发

中国—东盟智能物流实验室开发热带气候路径规划模型，配送时效提高 35%，暴雨延误率降低 60%，按“数据贡献 + 技术投入”共享知识产权。

（3）伦理共治采用标准互认

欧盟与东盟互认 AI 医疗审查结果，企业进入双方市场审批周期从 18 个月缩短至 6 个月，合规成本降低 50%。

2. 资源流动双向循环

北南转移。美国向非洲提供低算力疟疾检测模型，获取匿名化本地数据优化全球模型，提高热带病检测能力。

南南协作。巴西与印度联合开发“小农户 AI 信贷模型”，审批效率提高 50%，违约率下降 30%。

AI 经济的可持续发展，需要政策构建生态、企业嵌入价值、人才打破学科壁垒、国际合作实现共赢。当监管有温度、创新有深度、人才有厚度、合作有广度，技术红利才能真正惠及全民，引领 AI 经济驶向公平与福祉的星辰大海。

参考文献

[1] 张培艳 . 工业机器人操作与应用实践教程 [M]. 上海：上海交通大学出版社，2009.

[2] 李克，朱新月 . 第四次工业革命 [M]. 北京：北京理工大学出版社，2015.

[3] 吴健 . 现代物流与供应链管理 [M]. 北京：清华大学出版社，2011.

[4] 亿欧智库 .AI 进化论：解码人工智能商业场景与案例 [M]. 北京：电子工业出版社，2018.

[5] 郭洪红 . 工业机器人技术 [M]. 西安：西安电子科技大学出版社，2016.

[6] 张坤颖，李晓岩 . 大数据环境下的人工智能教育应用 [M]. 北京：学苑出版社，2019.

[7] 罗利，张伟 . 大数据驱动的智慧医疗健康全社会资源管理 [M]. 北京：科学出版社，2019.

[8] 张璐璐 . 颠覆未来的技术：人工智能引发的产业变革 [M]. 北京：社会科学文献出版社，2014.

[9] 袁夫彩 . 工业机器人及其应用 [M]. 北京：机械工业出版社，2018.

[10] 张其金 . 共享经济：新经济成长的动力器 [M]. 北京：中国商业出版社，2016.

[11] 池慧，欧阳昭连 . 全球医疗人工智能创新力发展报告 [M]. 北京：

科学出版社，2020.

[12] 魏顺平 . 在线教育学习分析研究 [M]. 北京：中央广播电视大学出版社，2016.

[13] 中国连锁经营协会 . 无人零售：技术驱动商业变革 [M]. 北京：机械工业出版社，2018.

[14] 李光亚等 . 智慧城市大数据 [M]. 上海：上海科学技术出版社，2015.

[15] 杨红云，雷体南 . 智慧教育：物联网之教育应用 [M]. 武汉：华中科技大学出版社，2016.

[16] 郭源生，王树强，吕晶 . 智慧医疗在养老产业中的创新应用 [M]. 北京：电子工业出版社，2016.

[17] 马尔科夫 . 人工智能简史 [M]. 郭雪，译 . 杭州：浙江人民出版社，2017.

[18] 日经大数据 .AI 商业时代：人工智能如何改变商业、就业和社会 [M]. 杨玲等，译 . 北京：机械工业出版社，2017.

后 记

在AI洪流中校准人类文明的航向

当最后一个句点落下，我们已共同穿越了AI经济的全景图卷——从智能工厂的机械臂到医疗影像的数字瞳孔，从城市路网的神经脉络到教育革命的认知重构。这场以人工智能发展为底色的工业革命，正以前所未有的速度重塑人类社会的组织方式与价值坐标。但合上本书之际，我们需要思考一个根本命题：在这场人与技术的共舞中，如何让效率的狂欢不沦为文明的丧失，让算法的精确不蜕变为人性的荒漠？

（一）技术的归途：效率革命与人文价值的交响合奏

本书中列举的全球案例，无不印证着AI作为生产力跃升的核心引擎具有强大功能：海尔工厂7天交付的定制冰箱、京东物流毫秒级优化的配送网络、DeepMind提前6小时预警的急性肾损伤……这些数字化的奇迹，本质上是人类创造力的解放。当机器接管重复劳动时，我们得以将智慧投向更具价值的领域：医生从繁重阅片工作中抽身，专注于治疗方案的人性化设计；教师告别填鸭式教学，转向创造力启蒙的深耕；城市规划者挣脱数据泥潭，在数字孪生模型中预演更宜居的未来。

在技术快速发展的阴影处，暗藏着不容忽视的问题：电子厂流水线上消失的60%岗位、算法推荐构筑的信息茧房、跨境数据流动引发的治理困局……这些问题的实质是工业文明向数字文明跃迁时的阵痛。正如19世纪蒸汽机动力的发展催生了《资本论》的深邃思考，今天的AI革命更需要构建“技术理性”与“人文温度”的平衡法则。

（二）文明的坐标：从工具革命到认知觉醒

当医疗AI的诊断准确率突破99%时，真正的突破不在于算法精度，而在于让山区的患者获得了三甲医院同质诊疗的机会；当教育大模型能解万题时，真正的价值不在于知识灌输，而在于让山村的学童打开了认知世界的全新维度。

这提醒我们：AI经济的终极目标，不是用速度更快的芯片替代人脑，而是让每个个体获得超越物理局限的发展可能性；不是用更复杂的算法统治世界，而是构建“人机共生”的新文明形态。就像工业革命最终孕育了八小时工作制与劳工权益，AI革命也必将催生新的社会契约——其表现或许是“人机协作工时”的重新定义，或许是“数据要素参与分配”的制度创新，又或许是“算法透明度即人权”的伦理准则。

（三）未来的路标：在重构中寻找稳态

站在2025年的门槛回望，这场变革已从实验室蔓延至街头巷尾：上海的智能红绿灯能感知车流的呼吸节律、深圳的AI设计师与人类共同勾勒未来建筑、昆明的茶农通过区块链确权开启全球贸易……这些实践正在编织一张“技术普惠”的全球网络。

但真正的智能革命，绝非某个国家或企业的独舞。美国在基础算法上构筑护城河，欧洲用伦理框架划定技术边界，中国以场景应用创新打造生态，人类正在用不同的语法书写同一部智能史诗。这要求我们建立新的全球对话机制——就像19世纪各国通过电报公约连接世界，今天我们需要“AI治理的日内瓦公约”，在技术开放与维护数据主权、创新激励与风险管控之间找到动态平衡点。

（四）致每一位智能时代的弄潮者

本书呈现的不仅是技术演进的经济图谱，还是一份关于主动拥抱科技进化的邀请函。企业家在数据中台操作与组织变革之间寻找第二增长曲线，本质上是在重塑工业时代的管理方式；职场人在数字素养矩阵中升级技能，实则是在参与人类认知边疆的开拓；政策制定者构建算力基础设施与伦理框架，本质上是在为数字文明奠基。

当我们惊叹于GPT–4的文本创造力时，不要忘记语言本就是人类区别于猿猴的文明火种；当我们折服于波士顿动力的后空翻机器人时，应当看到这不过是对人类运动神经的模仿。AI这面镜子，照见的始终是人类自身的智慧与局限。

此刻，站在两个文明时代的交接点上，让我们以更谦卑的姿态拥抱技术，以更坚定的信念守护人性。因为最好的未来，不是AI统治的赛博朋克的未来，而是人机共生的黄金时代。算法成为拓展认知的望远镜，而非束缚思维的牢笼；数据成为普惠发展的新能源，而非权力垄断的武器；智能成为照亮文明前路的灯塔，而非遮蔽星空的阴霾。

这才是第四次工业革命留给人类的最重要命题，而答案正握在每位翻开本书的读者手中。